BACKLASH

DIE NEUE GEWALT GEGEN FRAUEN

SUSANNE KAISER

TROPEN SACHBUCH

Dieses Buch enthält detaillierte Beschreibungen von geschlechtsspezifischer Gewalt. Außerdem werden Emails, Posts oder Kommentare mit expliziten und teils drastischen Inhalten zitiert. All das kann belastend oder retraumatisierend wirken, besonders auf Menschen, die selbst von Gewalt betroffen sind oder waren.

Tropen
www.tropen.de

Gesetzt von C.H.Beck.Media.Solutions, Nördlingen
Gedruckt und gebunden von GGP Media GmbH, Pößneck
ISBN 978-3-608-50172-8
E-Book ISBN 978-3-608-11988-6

Zweite Auflage, 2023

Bibliografische Information der Deutschen Nationalbibliothek
Die Deutsche Nationalbibliothek verzeichnet diese Publikation in der Deutschen Nationalbibliografie; detaillierte bibliografische Daten sind im Internet über http://dnb.d-nb.de abrufbar.

Inhalt

Für meine Großmutter Gertrud Obierski

»Macht und Gewalt sind Gegensätze.
Wo die eine absolut herrscht,
ist die andere nicht vorhanden.«
Hannah Arendt

Einleitung: Das feministische Paradox

Die Haustür ist mit Sicherheitsschlössern übersät. Es würde minutenlang dauern, sie alle zu öffnen. Frau F. weiß das. Sie hat immer vor Augen, dass sie nicht einfach das Haus verlassen kann. Sie hat Angst. Die verschlossene Tür existiert nicht nur in ihrem Zuhause, sondern auch in ihrem Kopf. Die Vorrichtungen hat ihr Mann während der Pandemie angebracht. Damit sie nicht noch einmal versucht abzuhauen. Schon lange hält sie die Situation mit ihm nicht mehr aus. Seine Gewalt. Die ständigen Drohungen. Die Kontrolle. Sie will wieder Vollzeit arbeiten, er akzeptiert das nicht. Als sie ihn dazu auffordert, Drogen und Alkohol wenigstens vor den Kindern sein zu lassen und von der Couch aufzustehen, um im Haushalt mitanzupacken, würgt er sie. »Er hat Angst davor, die Kontrolle über seine Frau zu verlieren, seinen Machtanspruch, seinen Besitz«, sagt Asha Hedayati, Anwältin für Familienrecht in Berlin. Regelmäßig twittert sie über Gewalt gegen Frauen. 32 000 Leute folgen ihr dabei. Frau F. ist eine ihrer Mandantinnen – eine Juristin, genau wie Hedayati. Und der gewalttätige Mann, um den es in diesem Fall geht, ist ein angesehener Richter in Köln.

Bei TikTok macht sich Ende 2021 ein unheimlicher Trend breit: Junge Männer, fast noch Jugendliche, posten kurze Videosequenzen von sich selbst. Sie lächeln verschmitzt in die Kamera, im Hintergrund läuft romantische Musik – eine Atmosphäre wie kurz vor einem Date. Dazu sind Statements zu lesen wie »Stell dir vor, wir zwei hätten ein Stranddate und ich würde deinen Kopf so lange unter Wasser halten, bis du einfach stirbst. Lol«. 134 000 Likes. Oder: »Was, wenn wir ein Go Kart Date hätten und ich dich mit meinem Fahrzeug überfahre bis du f*cking tot bist.« 360 000 Likes. Weitere Tötungsfantasien der Femizid verharmlosenden Challenge beinhalten Bowlingkugeln, Löwen, Haie und Hanteln. Je grausamer und unerwarteter die Fantasie, desto mehr Aufmerksamkeit ziehen die Jugendlichen auf sich. Zuspruch kommt vor allem aus der männlichen Community.

Fast noch Kinder sind auch die Anhänger von Andrew Tate, jenem frauenfeindlichen »Lifecoach«, der im Sommer 2022 von sich reden macht. Er schlägt Kapital daraus, dass männliche Heranwachsende es gerne sehen, wenn jemand provoziert: Frauen sind das Eigentum von Männern, sie können nicht Auto fahren, sie gehören als Hausfrauen ins Haus und tragen eine Mitverantwortung, wenn sie vergewaltigt werden. Es gibt Videos von Tate, in denen er Frauen beim Sex mit einem Gürtel schlägt oder sie dazu auffordert, die blauen Flecke zu zählen, die er ihnen zugefügt hat. Er nennt Frauen »dumme Huren« und erklärt, wie man am besten mit ihnen umgeht: »Boom ins Gesicht und sie am Nacken packen. Halt's Maul, Schlampe.« Was normalerweise in eine obskure Ecke der Mannosphäre gehört, hat Tate auf den gerade von jungen User:innen meistfrequentierten Social-Media-Kanälen salonfähig gemacht. Auf TikTok, Facebook, YouTube, Twitter und Instagram ist er ein Star, der »King of Toxic Masculinity«, mit mehreren Millionen Followern und über 10 Milliarden Views – bis die Plattformen Tates Accounts sperren.

Das sind nur drei Beispiele von unzähligen, die alle dasselbe Phänomen beschreiben. Ein Phänomen, das immer weiter um sich greift: Wir erleben einen Backlash gegen den Aufstieg der Frauen, mit ganz neuen Formen der Gewalt. Von immer mehr Seiten schlägt Frauen Feindschaft entgegen. Eine reaktionäre Gegenbewegung greift sicher geglaubte Frauenrechte in westlichen Demokratien an. Mit dem Ziel, die hart erkämpfte Gleichberechtigung mit Gewalt rückgängig zu machen. Schauplätze: das eigene Zuhause, wo die Gewalt gegen Partnerinnen zunimmt. Das Internet, wo sich der Hass auf Frauen vor den Augen der Öffentlichkeit immer heftiger Bahn bricht. Die Politik, wo misogyne Rhetorik immer eher zum Repertoire von rechten Populisten gehört. Das Gesetz, wo autoritäre Antidemokrat:innen hart erkämpfte Frauenrechte zurückschrauben. Und überall dazwischen.

Die Pulitzer-Preisträgerin Susan Faludi beschrieb schon 1991 in ihrem feministischen Klassiker *Backlash – The Undeclared War Against American Women*, wie ein massiver Rückschlag in den Achtzigerjahren feministische Errungenschaften traf und misogyne Mythen über berufstätige Frauen die Öffentlichkeit fluteten. Faludi verortet diesen Backlash in einem fortlaufenden Zyklus aus feministischem Fortschritt und Rückschritt, ein historisches Pendel, das vor und zurück schwingt. Auf Zeiten der reaktionären Feindschaft gegenüber dem Feminismus folgen demzufolge Zeiten weitverbreiteter Akzeptanz, worauf wieder ein Rückschritt folgt und so weiter. Infolge der Kämpfe der frühen Suffragetten Mitte des 19. Jahrhunderts, der feministischen Bewegungen zu

Beginn und Mitte des 20. Jahrhunderts und infolge der Zweiten feministischen Welle der 1970er-Jahre habe es Backlashs gegeben, analysiert Faludi.

Auf den Backlash von heute passt die Metapher der Pendelbewegung aber nicht. Bewegungen und Gegenbewegungen folgen nicht im Wechsel aufeinander, sondern sie laufen eher wie eine Schere auseinander: Frauen sind in immer höheren Machtpositionen vertreten, sie sind als Staatschefinnen tätig und bestimmen die Außenpolitik. Sie sind Influencerinnen auf Twitter, TikTok und Instagram, setzen gesellschaftliche Themen und lenken Debatten. Sie machen Karriere in ehemaligen Männerdomänen und leben sexuell selbstbestimmt, vor den Augen einer riesigen Followerschaft. Und je sichtbarer sie werden, desto mehr Gewalt erfahren sie, *weil* sie Frauen sind: Partnerschaftsgewalt, Femizide, sexuelle Übergriffe, Stalking, Hetze, Hasskampagnen, völlige Kontrolle über das gesamte Leben – das alles nimmt erschreckende Ausmaße an.

Feministischer Fortschritt und männliche Gewalt wachsen also gemeinsam. Ich nenne es das »feministische Paradox«. Je gleichberechtigter Frauen sind, desto mehr geraten sie unter Druck, desto mehr nehmen Hass und Gewalt gegen sie zu – und nicht ab, wie wir bei fortschreitender Gleichberechtigung eigentlich erwarten würden. Auf der einen Seite wird unsere Gesellschaft immer progressiver, scheinbar unaufhaltsam: Bei Facebook kann man zwischen über sechzig Genderidentitäten wählen, bei Amazon gilt eine strikte Diversity-Quote für Drehbücher, Regie und Besetzungen, in öffentlichen Institutionen ist gendergerechte Sprache mittlerweile ganz normal, im Bundestag sitzen zwei trans Frauen. Auf der anderen Seite erleben wir die krassesten Rückschläge: Das fünfzig Jahre alte Recht auf Abtreibung wird in den USA zurückgenommen, die feministische Regierung in Schweden wird vom rechten Lager abgelöst, die Ärztin Lisa-Marie Kellermayr aus Österreich mit misogyner Hetze unter den Augen der Öffentlichkeit und Polizei in den Tod getrieben.

Wir haben lange Zeit nicht gesehen, was passiert und was sich da zusammenbraut, weil es ja auch immer weiter mit dem Fortschritt für Frauen und für andere politische Minderheiten ging. Zu lange hat sich die öffentliche Wahrnehmung nur auf die eine, die erfolgreiche Seite der Schere konzentriert und die andere abgetan, als letztes Zucken des Patriarchats. Wir haben Gleichberechtigung für selbstverständlich gehalten und übersehen, wie viele Bereiche noch einer zutiefst patriarchalen Logik folgen, von der Medizin über die Unternehmensführung bis hin zur Stadtplanung.

Doch hinter den vielen Einzelphänomenen steckt mehr, als wir vermutet haben, sie hängen zusammen, folgen einer Agenda. Mit dem Aufkommen der *MeToo*-Bewegung ging ein Hintergrundrauschen einher: Jetzt sei es aber doch zu weit gegangen mit dem Feminismus. Merkel war zwar eine extrem beliebte Bundeskanzlerin, gleichzeitig aber auch die meistgehasste. In Finnland, Schweden und Norwegen stellten Frauen die Mehrheit in den Regierungen, weibliche Abgeordnete aber waren gleichzeitig extremem Cybermobbing ausgesetzt, mehr als anderswo in Europa. Während sich also im Mainstream des gesellschaftlichen Diskurses, in der Öffentlichkeit, alles zum Besseren zu wenden schien, wurde im allgemeinen Jubel übersehen, wie sich in politischen Hinterzimmern, in privaten Räumen oder in der Anonymität des Internets eine machtvolle Gegenbewegung formierte.

Die leisen Stimmen, die frühzeitig auf diese Entwicklung aufmerksam machten, haben wir überhört. Oder wir haben sie gehört, aber als unwichtige Nebeneffekte abgetan und verdrängt. So kam es zu der verbreiteten Annahme, fehlende Gleichberechtigung finde sich höchstens noch in rückständigen Regionen anderswo auf der Welt, gehöre in unseren westlichen Demokratien der Vergangenheit an. Und wenn es sie doch noch geben sollte, dann höchstens in den niedrigen sozialen Schichten. Weit gefehlt.

Wie die Trends auf TikTok zeigen, sind es vor allem junge Männer oder sogar Jugendliche, die Hass, Sexismus und Gewalt gegen Frauen befürworten und weiterverbreiten. Das Patriarchat ist damit nicht Vergangenheit, sondern unsere Zukunft. Es sind die Erwachsenen von morgen, die schon als Heranwachsende extrem frauenverachtende Einstellungen propagieren – und später mit größerer Wahrscheinlichkeit toxische Beziehungen führen werden, in denen sie auch vor Gewalt nicht zurückschrecken.

Die Schlösser an der Haustür der Juristin F. verdeutlichen, dass Gewalt keineswegs nur ein Problem von armen Frauen ist, sondern in der Mitte der Gesellschaft zu finden ist. Akademikerinnen sind neben mittellosen Frauen die andere besonders verletzliche Gruppe. Es trifft sie, wenn sie mit ihrem Partner auf Augenhöhe oder beruflich erfolgreicher sind als er. Während Gewalt in unserer Gesellschaft insgesamt abnimmt, nimmt die Gewalt gegen Frauen kontinuierlich zu. Es gibt immer mehr Männer, die ihre Partnerinnen vergewaltigen, schlagen oder töten, geht aus den Statistiken des Bundeskriminalamts hervor. Vor allem die Pandemie hatte einen Brennglaseffekt auf das Thema »Gewalt gegen Frauen«: Weil die Fälle durch die Lockdowns mit einem Mal deutlich zunahmen und sich 2021 sogar verdoppelten, ist das Problem stärker in den Fokus der Öffentlichkeit gerückt. Die Pandemie führt uns also im Zeitraffer vor Augen, was seit zwanzig Jahren der Trend ist: Die Gefahr, in der eigenen Familie oder Partnerschaft Gewalt zu erleben, wird für Frauen immer größer.

Es ist dabei nicht ausschließlich die Anzeigebereitschaft, die zunimmt, wie oftmals suggeriert wird. Das Dunkelfeld wächst gleichermaßen, wie jene bestätigen, die mit gewaltbetroffenen Frauen zu tun haben. Anwält:innen, Psycholog:innen, Sozialarbeiter:innen in Frauenberatungsstellen oder Frauenhäusern kämpfen seit Jahren mit steigenden Zahlen. Alarmierend sind außerdem die Formen der Gewalt, die zunehmen: Es werden immer mehr sexualisierte Gewalttaten, offline und online, verübt. Das zeigt, dass es darum geht, Frauen auf ihren Körper zu reduzieren, sie zu unterwerfen und zurück auf einen untergeordneten gesellschaftlichen Platz zu verweisen.

Diese Entwicklungen vollziehen sich nicht irgendwo auf der Welt. Wenn Frauenrechte in demokratisch noch ungeübten Ländern Europas wie Polen oder Ungarn hart umkämpft sind, dann mag uns das nicht weiter überraschen. Die Erkenntnis, dass der autoritäre Backlash aber auch die stabilen, so sicher geglaubten Demokratien westlicher Länder gefährden könnte, ist ein Schock. Bereits mit der Wahl Donald Trumps zum Präsidenten der USA genau zu dem Zeitpunkt, als die erste Frau als Staatsoberhaupt ins Weiße Haus hätte einziehen können, war klar: Etwas Gewaltiges ist im Gang, mit ungewissem Ende.

Reaktionäre, Rechte und Populist:innen gelangen immer häufiger an politische Schlüsselpositionen und bauen die Demokratie autoritär um, indem sie beispielsweise den Supreme Court nach ihrem Willen neu besetzen, der daraufhin die verfassungsmäßig garantierten Rechte auf körperliche Selbstbestimmung von Frauen zurücknimmt. Das passiert in immer kürzeren Zeitabständen ausgerechnet in den Ländern, die sich selbst zu den fortschrittlichsten zählen. Wie in Schweden, wo der Rechtspopulismus – bis zum Rechtsruck in Italien – so stark ist wie nirgends in

Europa und Rechtsextreme die größte Fraktion der Regierungskoalition stellen. Progressive Staaten scheinen einen besonders krassen Backlash zu erleben. Bei den skandinavischen Ländern spricht man vom »Nordischen Paradox«: Einerseits sind sie Vorreiter bei der Gleichstellung, andererseits erleben Frauen hier mehr häusliche Gewalt, Missbrauch und sexuelle Übergriffe als in anderen Regionen Europas.

Wie kann das sein? Was ist der Nährboden für den Backlash, für den massiven Hass auf Frauen und für die steigende Gewalt? In diesem Buch versuche ich zu zeigen, warum der Wandel des Männlichkeitsbilds von vielen Menschen als großer gesellschaftlicher Kontrollverlust wahrgenommen wird. Wie die Welt für manche immer mehr aus den Fugen gerät, weil das, was sie als Männer gelernt haben, heute nicht mehr als angemessen gilt. Männlichkeit ist »toxisch«, »problematisch«, »hassenswert«, »bedroht«, »in der Krise« oder »am Ende«, so die viel beachteten Urteile von Hanna Rosin, Pauline Harmange oder Margarete Stokowski.

Gleichzeitig werden schon Kinder in unserer Popkultur mit Alpha-Männlichkeit bombardiert, mit Bildern von gestählten Körpern, kernigen Kämpfern, männlichen Machern, mit Vorbildern wie Fußballstar Cristiano Ronaldo, der der Vergewaltigung beschuldigt wird, Schauspieler Johnny Depp, der seine Expartnerin misshandelt haben soll, oder Superheros, die grundsätzlich Probleme mit Gewalt lösen. Einerseits ist unsere Welt noch zum größten Teil auf Männer zugeschnitten, orientiert sich an männlichen Maßen und Bedürfnissen. Andererseits sind *weiße* Hetero-cis-Männer in gesellschaftlichen Debatten nicht mehr die Norm, nach der sich alles richtet, sondern eine Identität unter vielen. Das bedeutet einen großen Verlust, von Gewissheiten und von Privilegien. Die Prägung durch die noch immer wirkmächtigen Erzählungen von männlicher Stärke auf der einen Seite und der gleichzeitig real erfahrbare Geltungsverlust von Männern in der Gesellschaft auf der anderen Seite erzeugen eine Schere von Auftrag und Möglichkeiten – eine *Mission Impossible*, die viele Männer nur noch mit einem Mittel glauben, erfüllen zu können: mit Gewalt.

Ich erzähle in diesem Buch die Geschichten von Frauen aus der Mitte der Gesellschaft, die mit gewalttätigen Männern zusammen waren. Sie berichten von Situationen, in denen es zu Gewalt kam, und von den Mustern, die sich erkennen lassen. Dabei wird deutlich, dass sich ganz neue Gewaltformen hinter den verschlossenen Türen in Deutschlands Haushalten entwickeln: Sie sind von einer neuen Qualität, geschehen unter anderen Umständen, mit neuen Motiven und Methoden.

Die gewalttätigen Männer sind vom Typ her durchaus ambivalent und eben nicht die rüden Schläger, die uns als Klischee so oft begegnen. Manche vertreten nach außen absolut progressive Ansichten, würden sich selbst sogar als feministisch bezeichnen und haben sich gezielt eine Akademikerin als Partnerin ausgesucht. Aber in den eigenen vier Wänden denken und handeln sie zutiefst patriarchal, als wäre dort eine rote Linie erreicht. Zu Hause machen sie heimlich all das rückgängig, wofür Frauen so lange gekämpft haben: das eigene Konto und finanzielle Unabhängigkeit. Freie Entscheidungen. Sexuelle Selbstbestimmung.

Wie lassen sich diese Widersprüche erklären? Offenbar lastet eine große Spannung auf diesen Männern: Einerseits wollen sie zur gesellschaftlichen Avantgarde gehören, die sexistisches und misogynes Verhalten nicht mehr toleriert. Andererseits haben sie große Angst davor, die Kontrolle zu verlieren, die sie aufgrund ihrer Erziehung für männlich halten. Zu Hause im Privaten entladen sich diese gegensätzlichen Ansprüche in Gewalt.

Diese neue Gewalt führt dazu, dass sich Frauen aus der Öffentlichkeit zurückziehen, ihre Karrieren abbrechen oder sich aus dem sozialen Umfeld isolieren. Sie haben Angst, sich zu exponieren. Das betrifft Frauen aus der Mittelschicht, die Partnerschaftsgewalt erleben, und deshalb ihrem Beruf nicht mehr nachgehen wollen oder können. Es betrifft aber auch prominente Frauen, die bereits etabliert sind, jedoch das frauenfeindliche Klima, die sexuellen Belästigungen am Arbeitsplatz, die misogynen Drohungen im Internet nicht mehr ertragen – und deshalb ihre Karrieren beenden.

Besonders eklatant scheint das bei Politikerinnen zu sein, wie eine Studie des Allensbach-Instituts zeigt: Vor allem junge Abgeordnete und solche mit Migrationsbiografie sind in sozialen Medien massiven sexualisierten Angriffen, Beleidigungen und Drohungen ausgesetzt, auf Landesebene zu fast 80 Prozent, auf Bundesebene zu beinahe 100 Prozent. Das toxische Klima herrscht aber auch in ihren Parteien vor: Zwei Drittel der unter 45-jährigen Politikerinnen erfahren dort sexuelle Belästigungen. Die Liste prominenter weiblicher Rücktritte aus den letzten Jahren ist lang – von Anne Spiegel über Andrea Nahles zu Annegret Kramp-Karrenbauer und Susanne Hennig-Wellsow. Die »Vorzeigefrau« der FDP, Katja Suding, schmiss mit Mitte vierzig vor der Bundestagswahl 2021 alles hin, weil sie die Machokultur in der FDP nicht mehr ertragen konnte. Genau wie zuvor ihre Parteikollegin, die Europaabgeordnete Silvana Koch-Mehrin. Beide prangerten nach dem Ende ihrer politischen Karrieren den massiven Sexismus, ständige Belästigungen und die frauenfeindliche Atmosphäre in ihrer Partei öffentlich an. Die Konsequenzen von Gewalt gegen Frauen sind fatal für unsere Gesellschaft, wenn Akademikerinnen aus Berufen, Führungsebenen und politischen Ämtern verdrängt werden.

Gewalt gegen Frauen ist ein elementarer Bestandteil unserer Gesellschaft, die Körper von Frauen müssen als Blitzableiter für unauflösbare Konflikte, Niederlagen und Kränkungen, für männliche Machtfantasien und Überheblichkeit herhalten. Und es gibt einen Ort, der geradezu symbolisch dafür ist, wie scheinheilig mit dieser alltäglichen Gewalt gegen Frauen umgegangen wird: das Frauenhaus.

Frauenhäuser sollen Zufluchtsräume sein für Frauen, die traumatischen Gewalterfahrungen ausgesetzt sind. Die Flucht ins Frauenhaus bedeutet für eine Frau: Sie ist von ihrem sozialen Umfeld isoliert. Sie kann nicht arbeiten. Sie kann nicht gesellschaftlich oder politisch aktiv werden. Sie hat nicht einmal eine eigene Adresse. Dazu stehen diese Häuser immer an den Rändern der Stadt, was aus Sicherheitsgründen Sinn ergibt, aber gleichzeitig eine absurde Logik hervorbringt: Die Opfer werden aus der sichtbaren Öffentlichkeit herausgedrängt, damit sich die Gesellschaft nicht mit ihrer eigenen hässlichen gewaltbereiten Seite auseinandersetzen muss. Was wir nicht sehen oder benennen können, existiert auch nicht. Dabei wäre es ein notwendiger erster Schritt, die Gewalt gegen Frauen sichtbar zu machen, sich einzugestehen, dass es sie gibt: jeden Tag. Nur dann können wir im nächsten Schritt verstehen, warum sie zunimmt und welche Konsequenzen das für unsere Gesellschaft hat.

Mit Donald Trump hat das misogyne Gewalttätertum ganz direkt die politische Bühne betreten. Der ehemalige US-Präsident hat nicht nur selbst Fälle häuslicher und sexueller Gewalt zu verantworten, sondern machte auch die Methoden von häuslicher Gewalt zum politischen Stilmittel. Mit *Gaslighting*, der gezielten

Verunsicherung des Realitätsbewusstseins, und alternativen Fakten manipulierte er die Wahrnehmung der Öffentlichkeit. Vielleicht haben wir es wegen der breiten Gegenrede zu seiner Politik nicht gleich gemerkt, aber: Trumps Präsidentschaft hatte – mindestens in den USA – einen nachhaltigen negativen Einfluss auf die gesellschaftliche Akzeptanz von Frauen.

So werden wir Zeug:innen, wie die Kontrolle über Frauenkörper mit der Revision von Grundrechten wieder stärker zurück in patriarchale Hände fällt. Aber das ist nicht alles: Mit der Kontrolle verlieren Frauen auch die Deutungshoheit über ihre Körper – die Kontrolle über die Erzählung. Aus den Geschichten der *MeToo*-Bewegung über Vergewaltigung, Missbrauch und Abhängigkeit werden Geschichten von falschen Verdächtigungen, Verleumdung und Habgier, wie im Prozess Johnny Depp gegen Amber Heard. Durch Umdeutungen wird *Cancel Culture* zur »Hexenjagd« und beides zu einer Waffe gegen diejenigen, die damit zuvor gerade erst ein Stückchen Deutungsmacht errungen hatten.

Nicht erst seit Trump ist die Deutungshoheit hart umkämpft. Wenn sich im Internet Misogynie, Sexismus und Gewalt gegen Frauen wie ein Virus ausbreiten, das kaum aufzuhalten ist, dann hat das entscheidenden Einfluss auf unsere kulturelle Erzählung von Frauen, auf unser gesellschaftliches Frauenbild. Pornografie überschwemmt das Internet mit Szenen, die keinen einvernehmlichen Sex darstellen, sondern zeigen, wie Männer Frauen demütigen und herabwürdigen. Sexuelle Beschimpfungen oder Vergewaltigungsdrohungen haben die meisten Frauen schon erlebt. Wenn wir ständig sehen, wie Frauen mit sexualisierter Gewalt bedroht werden, und wir das zunehmend normal finden – welchen Wert messen wir ihnen dann bei?

Das Internet bietet Möglichkeiten für neue Formen der Gewalt gegen Frauen und geradezu unendlich viel Raum für einen Backlash gegen Frauenrechte. Öffentlichkeit und Privatsphäre sind kaum mehr voneinander zu unterscheiden. Ich erzähle in diesem Buch, wie prominente Frauen mit rechten Hetzkampagnen aus der digitalen Öffentlichkeit – und damit letztlich aus ihren mächtigen Positionen – gedrängt werden sollen, Frauen wie Natascha Strobl, Jasmina Kuhnke, Dunja Hayali oder Ricarda Lang. Und wie ganz normale Frauen mit neuen Technologien und Methoden zum Schweigen gebracht werden. Jede zweite Frau sagt ihre Meinung im Internet seltener, aus Angst vor Hass.

Frauen sind dank der neuen Medien sichtbar geworden, sie konnten politische Forderungen durchsetzen und ihre Geschichten der Unterdrückung erzählen. Sie haben mit feministischer Identitätspolitik die männliche Norm erschüttert. Gleichzeitig trifft sie der Hass genau dort: in der Sichtbarkeit als Frau, als genderspezifische Gewalt. Damit stehen wir vor einem Dilemma: Einerseits kann man gegen das Patriarchat nichts unternehmen, solange Frauen und die Gewalt gegen sie unsichtbar bleiben. Für Gleichberechtigung lässt sich auch nur kämpfen, wenn es eine gleichzustellende Gruppe gibt. Aber genau das Merkmal »weiblich« sorgt für die heftigsten Angriffe. Und füttert rechte Narrative, weil es der biologistischen Argumentation in die Hände spielt.

Eine kuriose Entwicklung bringt das feministische Paradox auf den Punkt: Psycholog:innen haben herausgefunden, dass sich die Dating-Chancen für heterosexuelle Männer vermindert haben, weil die Ansprüche von Frauen an eine gesunde Beziehung steigen – sie wollen lieber keine Partnerschaft als eine toxische. Das bedeutet: Immer mehr Männer bleiben unfreiwillig alleine, weil sie ein misogynes und sexistisches Weltbild vertreten. Sie könnten die Gruppe der frustrierten *Incels*, also der unfreiwillig enthaltsamen, frauenhassenden Single-Männer, noch vergrößern und ihre Vorstellungen mit Gleichgesinnten im Internet radikalisieren, damit noch unattraktiver und einsamer werden und dadurch noch gewalttätiger. Die Schere geht immer weiter auseinander.

Um die Spaltung unserer Gesellschaft aufzuhalten, um uns Hass, Sexismus und Gewalt entschieden entgegenzustellen und Gleichberechtigung durchzusetzen, müssen wir Antworten finden: Wie kommen wir aus diesem Dilemma – mehr Gleichberechtigung, mehr Gewalt – heraus? Wie lässt sich das feministische Paradox überwinden? Wie können wir verhindern, dass die Enden der Schere immer weiter auseinanderlaufen? Mit diesem Buch will ich versuchen, Auswege aufzuzeigen, indem ich den Blick dorthin lenke, wo wir als Gesellschaft nicht hinschauen wollen, weil es schmerzhaft ist. Denn erst wenn wir uns den toxischen Dynamiken unseres Zusammenlebens stellen und die Mechanismen erkennen, können wir sie verändern. Erst dann können wir daran arbeiten, dass die Realitäten von Frauen- und Männerwelten nicht weiter auseinanderklaffen. Erst dann kann es uns gelingen, das feministische Paradox zu überwinden, und dem Teufelskreis aus Fortschritt und Backlash zu entkommen.

Backlash im Schlafzimmer

Im Frühjahr 2022 gelangt ein Bild an die Öffentlichkeit, das den »CEO Lunch« der Münchner Sicherheitskonferenz zeigt. Auf dem Foto sind ausschließlich Managermänner zu sehen, die alle dunkle Anzüge und helle Hemden tragen und mit ihren ergrauten Köpfen kaum voneinander zu unterscheiden sind. Der Platz im Twittertrend war ihnen damit garantiert, die berechtigte Kritik ließ nicht lange auf sich warten. Die Veranstaltenden unternahmen zunächst einen halbherzigen Versuch, den aufziehenden Shitstorm abzuwenden, indem sie erklärten, dass alle Frauen abgesagt hätten. Dann taten sie das einzig Vernünftige: Sie entschuldigten sich und versprachen, beim nächsten Mal deutlich mehr Frauen einzuladen.

Weite Teile der medialen Öffentlichkeit sind sich einig, dass so ein Auftritt nicht mehr zeitgemäß ist. Frauen sind nicht mehr wegzudenken aus der Öffentlichkeit, aus Spitzenpositionen in Politik, Medien, Wirtschaft, Wissenschaft. Selbst wenn manche wichtige Veranstaltung oder Verhandlung hinter verschlossenen Türen stattfindet, macht es gleich einen unseriösen, gestrigen Eindruck, wenn keine Frau dabei ist. Und die junge Generation muss sich nach 16 Jahren Merkel erst daran gewöhnen, dass die

Kanzlerin auch männlich sein kann. Wir haben heute eine feministische Außenministerin, eine Innenministerin, Verteidigungsministerinnen und Bürgermeisterinnen. Dass Frauen früher kein eigenes Konto eröffnen durften, ihren Mann fragen mussten, wenn sie arbeiten wollten, sich den Ehepartner nicht selbst aussuchen oder sich nicht ohne triftigen Grund scheiden lassen konnten, ist für die meisten Menschen in Deutschland ein kurioser Fun Fact aus der Geschichte. Spätestens seit der Ehe für alle hat sich das Bündnis zwischen Mann und Frau weitestgehend aus der staatlichen Kontrolle befreit. Und damit auch der weibliche Körper: Frauen haben das Recht, selbst über ihn zu bestimmen. Sie können sich dafür entscheiden, keine Kinder zur Welt zu bringen und stattdessen Karriere zu machen. Abzutreiben. Sich zu kleiden, wie sie wollen. So auszusehen, wie sie es für richtig halten. Sex zu haben, wann und mit wem sie wollen, solange die beteiligten Personen einverstanden sind.

Die konservativen Gegenstimmen in der Presse, oftmals von älteren Herren, deren große Zeit vorbei ist, stoßen auf mehr Häme als Konsens. Wenn Wolfgang Thierse im *Zeit Magazin*, Harald Schmidt im *Spiegel* oder Harald Martenstein im *Tagesspiegel* ihr Recht verteidigen, keine diskriminierungsfreie Sprache zu verwenden, brandet kurz eine künstliche Debatte auf, die genauso schnell wieder verebbt. Denn: Inzwischen ist es eine Meldung, wenn »viele Städte in Sachsen Gender-Sonderzeichen meiden«. Sachsen natürlich, die Heimat von Pegida und Hochburg der AfD, denkt man bei so einer Schlagzeile zuerst und eben nicht: Wie, die Kommunen in anderen Bundesländern nutzen gendergerechte Sprache?

So unangenehm oder unwichtig viele die Debatte um gendergerechte Sprache finden mögen: Positionen, die sich grundsätzlich gegen Gleichstellung richten, sind nicht mehr mainstreamfähig, sondern Außenseitermeinungen. Auch wenn wir faktisch noch nicht gleichberechtigt sind und biologische und soziale Unterschiede zwischen den Geschlechtern oft kontrovers und vehement diskutiert werden, gibt es an dem Ideal – *dass* Frauen die gleichen Rechte haben sollten wie Männer – kaum etwas zu rütteln. Niemand könnte heute noch eine ernsthafte Debatte mit der Behauptung anstoßen, dass weibliche Personen weniger fähig oder weniger wert seien als männliche und deshalb benachteiligt werden sollten.

Dass wir so gleichberechtigt sind wie noch nie, ist dem Feminismus zu verdanken, der in den letzten zwei Jahrzehnten vor allem als »Netzfeminismus« viel bewirkt hat. Überall auf der Welt haben sich Frauen dank des Internets neue Räume und Rechte erkämpft, sich vernetzt und gemeinsam Bewegung in die zähen Debatten gebracht. Mit dem Internet war eine neue Form der Öffentlichkeit geschaffen, ohne Hierarchien, gläserne Decken oder Gatekeeper. So konnten sich politische Minderheiten Gehör verschaffen und in vergleichsweise kurzer Zeit viel erreichen. Nicht nur Frauen natürlich, sondern auch Menschen mit Behinderungen, People of Colour, Queere – all jene, die vor dem Zeitalter der Digitalisierung marginalisiert wurden. Mit beachtlichen Erosionserscheinungen für die patriarchale Ordnung, denn die analoge Öffentlichkeit existiert nicht einfach als Paralleluniversum weiter. Sie wird von der digitalen Wirklichkeit immer stärker durchdrungen und umgewälzt.

Netzfeminismus ist so erfolgreich, weil eine breite Bewegung entstand, die immer noch wächst. Nicht einige wenige Leute treiben die Feminismusdebatte voran, als Avantgarde wie in früheren Zeiten, sondern viele. Zwar sind manche Impuls gebenden Aktionen mit bestimmten Namen verbunden, etwa die #Aufschrei-Kampagne von Anne Wizorek, bei der Frauen ab 2013 ihre Erfahrungen mit Alltagssexismus in Deutschland auf Twitter teilten. Damit rührten sie an einem lange bestehenden Tabu: Über sexuelle Übergriffe und Benachteiligungen schweigt man als Frau, um nicht als »hysterisch« oder als »selbst schuld« abgestempelt zu werden. Doch es kann nicht nur jede:r bei #Aufschrei, #MeToo oder #DeutschrapMeToo mitmachen, sondern es kann auch jede:r auf dem eigenen Profil Erlebnisse oder Forderungen teilen und so selbst neue Hashtags und Bewegungen ins Leben rufen.

Gesellschaftliche Missstände sind seitdem nicht mehr nur in abstrakte Statistiken eingelagert, sondern sie sind lebendig geworden, mit Gesichtern verbunden und persönlichen Geschichten. Die feministische Autorin Rebecca Solnit schreibt in ihrem Essay »Recollections of My Non-Existence«: »Es gab jedenfalls Wege, das Schweigen zu brechen, das selbst einen Teil der Bedrohung darstellte: Rebellion. Ein Aufleben, eine Machtübernahme über das Erzählen von Geschichten, meine und die von anderen Frauen.« Frauen würden, so Solnits Diagnose, nicht bloß mit Gewalt zum Verschwinden gebracht, sondern diese Gewalt werde auch noch durch das Tabu, darüber zu sprechen, verschleiert. Man könnte es ein doppeltes Verschwinden nennen: Erst verschwindet die Person, zum Beispiel aus der Öffentlichkeit, dann wird auch noch das, was ihr zugestoßen ist, ausgelöscht. »Die Gewalt gegen Körper wurde in einem episch epidemischen Ausmaß möglich durch die Gewalt gegen Stimmen«, resümiert Solnit. Das eine Verschwinden begünstigt das andere. Das Erzählen der Geschichten von Frauen ist somit ein rebellischer Akt gegen das Verschwinden, indem es das Unsichtbare sichtbar macht.

Diese Sichtbarkeit hat eine geradezu seismische Wirkmacht

entfaltet und zum Umdenken geführt. Einzelpersonen nutzen heute soziale Medien, um sexistische Praktiken und sexuelle Übergriffe anzuzeigen, mit Reichweiten, von denen manche große Zeitung nur träumen kann. Als die Komikerin Ines Anioli 2019 erst in einem Podcast anonym berichtet und später auf Instagram öffentlich macht, dass ihr Expartner Luke Mockridge sexuell gewalttätig war, verfolgen Millionen Menschen das Hin und Her zwischen den beiden mit und fordern Konsequenzen. Das durch Aniolis Anzeige eingeleitete Ermittlungsverfahren war von der Staatsanwaltschaft eingestellt worden. Doch der *Spiegel* beleuchtet nach ihren Social-Media-Auftritten die »Akte Mockridge« in einer großen Recherche und forscht offenbar gründlicher nach als die Staatsanwaltschaft. Darauf sagt Mockridge seine Comedytournee ab und wird von vielen in der Branche geächtet.

Diejenigen, die heute als die sichtbarsten Expert:innen und Meinungsmacher:innen den Ton in den Mainstreammedien angeben, sind weiblich und oft jung, People of Colour oder jüdisch und auch auf Twitter oder Instagram aktiv. Frauen wie Dunja Hayali, Natascha Strobl oder Jasmina Kuhnke haben eine Followerschaft von weit über 100 000. Deren Reichweiten garantieren auch ihren Erfolg in der analogen Welt – wenn sich das überhaupt noch trennen lässt. Sie sind wie Hayali berühmte Fernsehmoderatorinnen bei großen Sendern oder schreiben wie Kuhnke und Strobl Bestseller in renommierten Verlagen. Die großen Debatten unserer Zeit werden, wenn nicht bei Twitter, in politischen Talkrunden im Fernsehen geführt. Die wichtigsten neben *Markus Lanz* und der *Phoenix Runde*: *Anne Will*, *Maybrit Illner*, *Maischberger*. Frauen sind sichtbar, laut, streitbar und extrem erfolgreich in ehemaligen »Männerdomänen«. Sie haben heute theoretisch alle Möglichkeiten und Freiheiten.

Erfolgreich sind sie auch, weil breite Teile der Gesellschaft ihren Aufstieg unterstützen. Frauen wird heute deutlich mehr zugetraut als früher. Es gäbe wahrscheinlich immer noch nicht viele Politikerinnen oder Managerinnen, wenn allein die Quote Frauen in Führungspositionen bringen würde. Wirklich verbindlich sind Quoten in Deutschland ohnehin selten, und wenn es sie gibt, zeigen sie kaum die gewünschte Wirkung, wie zum Beispiel die geringe Anzahl weiblicher Personen in Vorständen und Aufsichtsräten großer Unternehmen belegt. Es hat andere Gründe als gesetzliche Vorgaben, wenn Frauen so weit kommen. Getragen wird ihr Aufstieg auch von einem breiten gesellschaftlichen Konsens: Sehr viele Menschen finden es ganz unabhängig vom eigenen Geschlecht richtig, wenn Frauen die gleichen Chancen haben wie Männer. Sie sind davon überzeugt, dass das Geschlecht keinen wesentlichen Einfluss auf die Leistungen einer Person hat. Sie respektieren ihr weibliches Gegenüber und begegnen ihm auf Augenhöhe. Frauen können sich so im fairen Wettkampf gegen männliche Konkurrenz durchsetzen. Und sie erfahren heute vielfach Anerkennung. Das gab es früher so nicht, schon gar nicht für Frauen in Männerdomänen.

Angela Merkel ist als erste Kanzlerin dafür das beste Beispiel. Ihre Autorität erkannten männliche Staatschefs weltweit an, man begegnete ihr mit absoluter Hochachtung. Niemand hätte es gewagt, sich über sie lustig zu machen oder sie herabzusetzen, nicht einmal Expräsident Donald Trump. Als sie nach 16 Jahren aus dem Amt schied, kam die Anerkennung für ihre Leistungen als eines der erfolgreichsten Staatsoberhäupter ihrer Zeit von überall auf der Welt. Lange war sie aus der Regierung die beliebteste politische Persönlichkeit des Landes. In der aktuellen Regierung ist es schon nach drei Monaten im Amt als Außenministerin Annalena

Baerbock. Der Aufstieg der Frauen ist also nicht erzwungen, oktroyiert oder gesetzlich verordnet, wie rechte Demagogen immer wieder behaupten. Er kommt aus der Mitte der Gesellschaft.

Wenn Frauen heute in so vielen Machtpositionen vertreten und akzeptiert sind, wenn sie so viele Rechte und so viel erreicht haben – wie kann es dann sein, dass Gewalt gegen sie zunimmt? Und zwar nicht irgendwelche Gewalt, sondern solche Formen, die Frauen treffen, *weil* sie Frauen sind: Partnerschaftsgewalt, Femizide, sexuelle Übergriffe, Stalking, Hetze, völlige Kontrolle über das gesamte Leben. Feministischer Fortschritt geht mit männlicher Gewalt einher, sie wachsen gemeinsam. Jedoch nicht parallel, wie es uns das gesellschaftliche Bild vermittelt: Erfolgreiche Frauen sind unantastbar und können keine Opfer sein. Dieses Bild ist grundlegend falsch. Es sind genau dieselben erfolgreichen Frauen, gegen die auch mehr Gewalt verübt wird. Die Gewaltforschung benennt zwei Gruppen, die seit einiger Zeit die verletzlichsten sind: arme Frauen – das wussten wir schon, denn sie sind am abhängigsten und verfügen über die wenigsten Ressourcen und Möglichkeiten, sich aus gewaltvollen Partnerschaften zu befreien. Und Akademikerinnen.

Damit stellt sich auch die Frage nach den Männern, die gewalttätig sind. Denn natürlich sind es nicht einfach alle Männer. »Die Männer« gibt es genauso wenig wie »die Frauen«, auch wenn ich hier häufig in gesellschaftlichen Gruppen argumentiere und es deshalb so schreibe. Bei den Gewalttätern scheint wie bei den Gewaltbetroffenen das Klischee ebenfalls nicht zu passen: ungebildet, arbeitslos, ständig betrunken. Oder vornehmer ausgedrückt: »prekäres« und »bildungsfernes« Milieu. Wenn Gewalt gegen Akademikerinnen zunimmt, dann sind es zumeist akademische

Haushalte, in denen Gewalt stattfindet. Akademisch gebildete Ehemänner, die vergewaltigen und demütigen. Womit noch ein weiteres Klischee als solches entlarvt wäre: Gebildete Männer sind grundsätzlich eher feministisch eingestellt und für Gleichberechtigung. Macht und Missbrauch hängen zusammen, wie auch die Studie »Sexismus im Alltag« im Auftrag des Familienministeriums verdeutlicht: »Etablierte«, das heißt Akademiker mit Studium der Medizin, Betriebswirtschaft oder Ingenieurwissenschaft in Führungspositionen, hegen die größten sexistischen Ressentiments gegen Frauen.

Die Entwicklung, die ich hier versuche zu skizzieren, zeigt: Ganz unabhängig von ihrem Bildungsgrad lassen sich Männer in unserer Gesellschaft grob in drei Gruppen einteilen, wenn es um feministischen Fortschritt geht: erstens solche, die wirklich wollen, dass Frauen gleichberechtigt sind und dafür ihre eigenen Privilegien hinterfragen. Zweitens Männer auf der entgegengesetzten Seite, die den gesellschaftlichen Aufstieg von Frauen nicht anerkennen können, ihnen grundsätzlich keinen Respekt entgegenbringen wollen und Gleichberechtigung offen anzweifeln. Und es gibt noch eine dritte Gruppe. Sie ist am interessantesten für diese Analyse: Männer, die nach außen hin Gleichberechtigung unterstützen und feministischen Fortschritt gutheißen – aber zu Hause ganz anders agieren. Die drei Gruppen sind als Tendenzen gemeint, natürlich gibt es auch Positionen dazwischen und außerhalb dessen.

Obwohl sich der Hass auf Frauen überall bemerkbar macht, findet ein sehr großer Teil auch heimlich statt, im wahrsten Sinne des Wortes: im eigenen Heim, hinter verschlossenen Türen. Was passiert da gerade in unserer Gesellschaft? Hat sich die Gewalt ins Schlafzimmer verlagert, weil sie öffentlich nicht mehr akzeptiert ist – dahin, wo es keiner sehen kann? Schaut man sich die vielen Geschichten an, die von Gewalt gegen Frauen erzählen, ist diese These zumindest anzuzweifeln: Songs im Deutschrap von Farid Bang, Gzuz oder Fler, Filme wie *365 Tage* von Barbara Białowąs und Tomasz Mandes, Serien wie *You – Du wirst mich lieben*, in denen männliche Gewalt wie Stalking normalisiert und als romantisch dargestellt wird. In bestimmten öffentlichen Bereichen ist diese Gewalt also durchaus akzeptabel, sie wird sogar ästhetisch überhöht und gepriesen.

Beim Onlinehass passiert es vor den Augen der Öffentlichkeit, dass Frauen als »Huren« beschimpft, mit Vergewaltigung und Verstümmelung bedroht werden oder Mordfantasien gegen ihre Kinder aushalten müssen. Strobl legt regelmäßig Twitterpausen ein, wenn der Hass überhandnimmt. Hayali zieht sich zwischenzeitlich ganz aus dem Internet zurück, weil die Anfeindungen gegen sie so heftig sind. Kuhnke musste mit ihrer Familie sogar schon den Wohnort wechseln, als ihre Anschrift im Internet veröffentlicht wurde. Personen, die mehr als ein Merkmal einer politischen Minderheit verkörpern, also Frauen of Colour wie Kuhnke oder Hayali oder Queere wie trans Frau Tessa Ganserer von den Grünen, trifft es besonders. Sie werden regelmäßig von Hasswellen überrollt.

Aber misogyne Gewalt, die in den eigenen vier Wänden stattfindet, ist per definitionem nicht so einfach zu beobachten. Hinzu kommt, dass männliche Gewalt gegen Frauen immer noch ein gesellschaftliches und strukturelles Tabu ist. Sie soll unsichtbar bleiben und für jegliche Auseinandersetzung unzugänglich sein. Und das geschieht, indem bestimmte Fakten und die Systematik dahinter ganz verschwiegen oder angezweifelt werden. Das ist nicht verschwörungstheoretisch zu verstehen. Es ist nicht so, dass ein großer Plan dahinter stünde, wonach Regierung, staatliche Institutionen und Medien mit Absicht männliche Gewalt verschweigen würden. Es sind vielmehr soziale Mechanismen des Patriarchats, die wir lange eingeübt haben und die unbewusst wirken: im Habitus, wenn sich Frauen bei einer ungewollten Berührung diskret entziehen, anstatt laut zu werden, um niemanden zu beschämen; in der Sprache, wenn Gewalt nicht als solche benannt wird und das Schweigen den Verursacher deckt; in Prinzipien und Gewohnheiten, die darauf ausgelegt sind, dass Schuld und Scham bei Frauen gesucht wird, anstatt dem männlichen Gegenüber Grenzen aufzuzeigen.

Deshalb fällt es uns so schwer, über männliche Gewalt gegen Frauen zu sprechen. Das Tabu verhindert, dass wir eine adäquate Sprache finden. Erst seit kurzer Zeit findet das Thema überhaupt auf der Metaebene statt, das heißt, dass wir als Gesellschaft darüber sprechen, *wie* wir über Gewalt sprechen. Und in der Berichterstattung ist ein langsamer Wandel zu bemerken. Diskussionen über die richtigen Begriffe gehen zum Beispiel immer häufiger in Presseartikel ein. Feministische Akteur:innen fordern bereits seit Jahren, dass die Berichterstattung über Femizide aufhören müsse, männliche genderspezifische Gewalt hinter Begriffen wie »Familientragödie« zu verstecken und dadurch Mitgefühl mit den Tätern zu erzeugen.

Die Tatsache, dass Gewalt gegen Frauen nicht nur existiert, sondern sogar zunimmt, rückt erst ganz allmählich ins öffentliche Bewusstsein. Und das, obwohl die Zahlen längst – für alle öffentlich sichtbar – auf dem Tisch liegen. »Gewalt gegen Frauen und Kinder ist die häufigste Form von Gewalt weltweit«, steht auf den Seiten der Berliner Senatsverwaltung. Die Weltgesundheitsorganisation schätzt: Ein Drittel aller Frauen auf der Welt erfährt irgendwann im Leben Gewalt. Frauen zwischen 15 und 44 Jahren werden eher durch Gewalt ihres Partners getötet oder verletzt als durch Krebs, Autounfälle, Krieg und Malaria – und zwar zusammengenommen. Wir wissen also, dass diese Gewalt nicht nur einfach irgendwo auf der Welt passiert, wo es ohnehin schlecht um Frauenrechte bestellt ist. Sondern überall. Auch mitten in Europa, hier bei uns.

In Deutschland sind es 40 Prozent der Frauen, die seit ihrem 16. Lebensjahr körperliche oder sexualisierte Gewalt erlebt haben. Und fast jede zweite Frau kennt Formen psychischer Gewalt: Einschüchterungen, Anschreien, Drohungen, Beschimpfungen, Verleumdungen, Demütigungen, Psychoterror, systematische Kontrolle, Isolierung, extreme Eifersucht. All das ergab eine große repräsentative Studie des Familienministeriums zu Gewalt gegen Frauen in Deutschland bereits vor zehn Jahren.

Das Bundeskriminalamt gibt seit 2015 eine »Polizeiliche Kriminalstatistik zu Partnerschaftsgewalt« heraus, um der »zunehmenden Bedeutung des Gesamtphänomens« gerecht zu werden, wie es darin heißt. Den Behörden ist das Problem bekannt. Jedes Jahr klettern die Zahlen ein Stückchen höher, von 104 000 weiblichen Betroffenen 2015 auf knapp 120 000 im Jahr 2020. Bei den erfassten Fällen handelt es sich ausschließlich um das Hellfeld, das heißt um die angezeigten Taten. Die Statistik »bietet kein getreues Spiegelbild der Kriminalitätssituation«, denn das Dunkelfeld wird bisher nicht erforscht. »Erneut verzeichnen wir einen Anstieg bei den Gewalttaten in Partnerschaften, von der vor allem Frauen betroffen sind«, bleibt BKA-Präsident Holger Münch da nur alljährlich festzustellen.

Dabei liegt inzwischen sogar eine Langzeitanalyse vor, die der

Kriminologe Christian Pfeiffer durchführte. Die zeigt: Vor allem bei den schweren Gewaltverbrechen ist der Anteil der Taten im eigenen Zuhause in den letzten zwanzig Jahren gestiegen. Vergewaltigungen haben um mehr als 30 Prozent zugenommen. Pfeiffer fordert daher die Politik dazu auf, das Dunkelfeld und die Gründe dafür auszuleuchten sowie die Frage zu klären, ob »vermehrt solche Männer, die sich von der zunehmenden Stärke der Frauen bedroht sehen und mit dem Verlust ihrer traditionellen Dominanzrolle nicht klarkommen«, zu Tätern würden.

Der beschönigenden Aussage, dass gar nicht mehr Frauen Opfer von Gewalt würden, sondern nur die Anzeigebereitschaft gestiegen sei, widersprechen vehement jene, die im Dunkelfeld arbeiten und sich damit jenseits der »Anzeigebereitschaft« bewegen. Anwältinnen, Psychologinnen, Personen in Beratungsstellen, an Hilfstelefonen, in Frauenhäusern, wen auch immer man fragt, sie alle sagen: Die Zahlen steigen. Das bestätigt auch die Anwältin für Familienrecht, Asha Hedayati: »Das Dunkelfeld wird immer größer, das sehe ich ja in meiner Kanzlei. Die Frauen können herkommen und sich beraten lassen, das wird immer häufiger genutzt.« Die leitende Psychologin der Berliner Charité, Barbara Voigt, bildet medizinisches Personal im Krankenhaus darin aus, die Zeichen häuslicher Gewalt zu erkennen, Spuren zu sichern und informiert mit den Fällen umzugehen. Auch sie teilt Hedayatis Einschätzung: »Die Fälle von Gewalt gegen Frauen und Kinder steigen.« Dieselbe Tendenz zeigt sich in der Gewaltschutzambulanz der Charité, wo gewaltbetroffene Frauen ihre Verletzungen von Gerichtsmediziner:innen vertraulich und kostenlos dokumentieren lassen können, ohne Anzeige erstatten zu müssen. Die Zahl der dokumentierten Fälle hat sich zwischen 2014 und 2018 mehr als vervierfacht.

Beunruhigend sind außerdem die Formen der Gewalt, die zunehmen. Die Stadt Berlin führt eine Statistik über »Taten gegen die sexuelle Selbstbestimmung von Frauen«, also Fälle von sexueller Belästigung, Nötigung oder Vergewaltigung, deren Zahl sich von 2013 bis 2019 ebenfalls beinahe vervierfacht hat. Claudia Cohn von der Frauenberatung Bora in Berlin bestätigt: »Gerade sexualisierte Gewalt hat erheblich zugenommen.« Auch die Zahl der Morde scheint zu steigen An jedem zweiten bis dritten Tag wird hierzulande eine Frau von ihrem Mann oder Expartner getötet, geht aus der polizeilichen Kriminalstatistik hervor. Doch weil das längst nicht alle Frauen sind, die von Männern umgebracht werden, *weil* sie Frauen sind, will ein Team vom Kriminologischen Forschungsinstitut Niedersachsen das Thema Femizide an der Universität Tübingen ganz neu aufrollen. Denn »eine empirische Studie zu Femiziden, welche die verschiedenen sozialen Kontexte und Motivlagen der Tötungen an Frauen berücksichtigt, gibt es für Deutschland bisher nicht«.

Eine erstaunliche Entwicklung bei Frauenmorden beschreiben auch die Autorinnen Julia Cruschwitz und Carolin Haentjes in ihrem Buch *Femizide* von 2022. Im Polizeipräsidium Rheinpfalz werden mit Täterprofilen Hochrisikoanalysen erstellt, um vorherzusagen, ob und wann ein Gewalttäter zum Frauenmörder werden könnte. Das bedeutet, dass sich speziell ausgebildete Kriminolog:innen spezifische Risikofaktoren anschauen: Ist die Gewalt intensiver geworden? Hat das Kontrollverhalten zugenommen, die Eifersucht, das einengende Verhalten? Hat sich die Frau gerade getrennt oder einen neuen Partner? Je mehr solcher Faktoren zutreffen, desto höher ist das Risiko eines Femizids. Und es zeigt sich: Die Zahl der Fälle steigt Jahr für Jahr. »Warum, können sich die Beamt:innen nicht erklären«, schreiben die Autorinnen.

Wir wissen also, dass Gewalt gegen Frauen tatsächlich eine »Epidemie« ist, wie die WHO es nennt. Wir wissen, dass wir es mit einem wachsenden Phänomen zu tun haben. Und doch zeigt sich überall Ratlosigkeit oder sogar Verdrängung angesichts der erschütternden Faktenlage. Weder gibt es eine gesellschaftliche Debatte noch wird flächendeckend nach Motiven oder Erklärungen für diesen paradoxen Trend gesucht. Ein Großteil der Gesellschaft nimmt diese Zahlen empathielos zur Kenntnis, obwohl potenziell fast die Hälfte der Bevölkerung direkt von Gewalt betroffen ist. Die andere indirekt. Das führt nicht nur dazu, dass das Thema nicht richtig untersucht und schon gar nicht aufgearbeitet wird, sondern das kollektive Schweigen deckt auch die Täter und macht neue Gewalt möglich.

Haben wir es hier mit einer Art von kollektivem *Gaslighting* zu tun? Das heißt, wirkt hier ein Tabu, das unsere Wahrnehmung manipuliert? Das sprachliche Herumlavieren, das Nicht-benennen-Wollen, das Verstecken hinter Begriffen wie »Familientragödie« legen das zumindest nahe. Solange wir die falsche Sprache sprechen, solange wir Gewalttaten mit Attributen der Liebe und Leidenschaft in Verbindung bringen, verschleiern wir den Hass, der dahinter steht – und können die Gewalt nicht als solche identifizieren. Taten im eigenen Zuhause werden – wenn sie überhaupt sichtbar werden – als »Einzelfälle« oder »persönliche Schicksale« abgetan. Wenn »Paardynamiken«, an denen »beide beteiligt« sind, als »persönliche« Angelegenheit behandelt werden, lassen sich die strukturellen Ursachen und gesellschaftspolitischen Konsequenzen leichter ausblenden. Und die sind gravierend: Mit Gewalt soll das Rad der Emanzipation zurückgedreht werden. Solange Frauen von Gewalt betroffen sind, haben sie es viel schwerer beim politischen und gesellschaftlichen Aufstieg, sie schaffen es seltener in die Chefetagen oder in politische Ämter. Sie sollen daran gehindert werden, ihre Grundrechte auszuüben und freie Entscheidungen zu treffen. Sie sollen aus der Öffentlichkeit verdrängt werden. Sie werden mit Gewalt unterdrückt und auf ihren Platz verwiesen – unterhalb von Männern.

Ich habe das Unbehagen und den Hass auch selbst erlebt. Immer dann, wenn ich es wagte, in Männerdomänen sichtbar zu werden. Besonders eine Podiumsdiskussion ist mir in Erinnerung geblieben. Es ging um Radikalisierung und Islam, ich war die einzige Frau – und Dschihadismus ist nun mal ein hartes Männerthema. Obwohl ich es als Nahostjournalistin gewöhnt war, in reinen Herrensettings unterwegs zu sein, zum Beispiel war ich in Dschihadistenhochburgen in Nordafrika oft als einzige Frau auf der Straße unterwegs, habe ich mich in meiner weiblichen Haut noch nie so unwohl gefühlt wie bei dieser Podiumsdiskussion. Ich wurde gesiezt, während die anderen als »Freunde« vorgestellt wurden. Der Moderator eröffnete das Gespräch mit einer ganz anderen Frage als zuvor abgesprochen. Meine Positionen wurden von den Männern belächelt, demontiert und als »Quatsch« abgetan, besonders nach der Veranstaltung. Zum Beispiel, dass Terrorismus von rechts für unser Land auf lange Sicht gefährlicher ist als Islamismus. Das war vor dem Mord an Walter Lübcke, vor dem Anschlag in Halle und dem rechtsextremen Terrorakt in Hanau. Trotzdem war diese Position schon damals alles andere als abseitig oder weltfremd, wie mir hier suggeriert werden sollte. Die Männergruppen nach der Diskussion, alle trugen Anzüge mit Krawatten und gegelte Scheitelfrisuren, rückten enger zusammen und schlossen den Kreis, wenn ich näher kam. Sie schlossen mich aus.

Bisher hatte ich mich immer darauf verlassen können, dass ein

Mindestmaß an professioneller Höflichkeit gewahrt blieb, was auch immer jemand insgeheim von mir – als Frau – halten mochte. Selbst ein radikaler Imam, den ich einmal interviewte und der ein ziemlich übles Frauenbild vertrat, wahrte die Form. Er gab mir die Hand, diskutierte seine Ansichten mit mir und sah für unser Gespräch darüber hinweg, dass ich selbst eine Frau bin.

Ein Teilnehmer aus dem Publikum schickte mir später den Link zu einer Schmähschrift, die Katzenkrimiautor und AfD-Sprachrohr Akif Pirinçci Wochen zuvor auf mich verfasst hatte: »Susannchen klärt auf« als Replik auf einen Essay über Islam und Aufklärung bei *Spiegel Online*. Pirinçci bezeichnet mich in seiner Hetzschrift als »Islamschwanzlutscherin«. Der Teilnehmer fand, damit sei alles über mich und meinen Beitrag auf dem Podium gesagt. Die einzige Möglichkeit für eine Frau, in der Männerdomäne »Islamexpertise« aufzutreten, ist als Opfer, mit islamkritischen Positionen wie Alice Schwarzer oder Necla Kelek, à la »der Islam bedroht mit seinem Kopftuch die Freiheit aller Frauen« oder »Männer aus islamischen Kulturkreisen vergewaltigen Frauen in Deutschland, weil sie Frauenrechte nicht achten«. Hat eine Frau öffentlich eine andere Haltung zu Muslim:innen, schlägt ihr Hass entgegen.

Aber ohne Frauen geht es eben auch nicht. So erklärt sich, warum ich erst zum Diskutieren auf ein Podium eingeladen und anschließend als »Islamschwanzlutscherin« diffamiert und damit von der Expertin wieder zur Frau gemacht werde, reduziert auf Körper und Sex.

Ohne Frauen sind Podien schlicht nicht mehr vorstellbar, sie würden als unseriös und unzeitgemäß wahrgenommen. Doch das, was viele männliche Organisatoren, Kollegen oder Teilnehmer wirklich, persönlich und insgeheim von Frauen halten, gerade weil sie ihnen auf Augenhöhe begegnen, das steht auf einem ganz anderen Blatt. Der Erfolg der Frauen und ihre Anwesenheit in der Öffentlichkeit scheinen sich für sehr viele Männer wie eine Naturgewalt anzufühlen, von der sie überrollt werden. Das triggert einen gewaltigen Backlash, dessen Ausmaß uns erst allmählich dämmert. Auch im privaten Bereich: Männer gehen Partnerschaften mit selbstbewussten Frauen ein – und können es zu Hause dann doch nicht akzeptieren, wenn ihre Partnerin Gleichberechtigung einfordert. Ist der Backlash damit im Schlafzimmer angekommen?

Die Logik der Gewalt

Damit die patriarchale Ordnung bestehen kann, muss es überhaupt erst Männer und Frauen geben. Das heißt, die soziale Kategorie »Mann« muss als das überlegene und »starke Geschlecht« hergestellt werden, welches das »schwache« und »andere Geschlecht«, wie Simone de Beauvoir schreibt, unterdrücken kann. Mit Biologie hat das wenig zu tun, es geht nicht darum, dass Männer körperlich stärker sind. Es geht darum, dass sie männlich sozialisiert und zur Gewalt erzogen werden – und Frauen nicht. In *King Kong Theorie* zeigt die feministische Autorin Virginie Despentes, wie männliche, vor allem sexualisierte Gewalt und der dazugehörige gesellschaftliche Diskurs diese symbolische Ordnung immer wieder erzeugen und Frauen darin als ewige Opfer festschreiben: »Eine Frau muss offen bleiben und ängstlich. Wie sonst sollte sich Männlichkeit definieren?« Für sie ist Vergewaltigung und wie wir über sie sprechen daher die Form der Gewalt, die das am ehesten leisten kann, als »ein präzises politisches Programm: [...] die rohe, unmittelbare Repräsentation der Machtausübung. [...] Sie ist die Lust an der Vernichtung der anderen, ihres Wortes, ihres Willens, ihrer Unversehrtheit. Vergewaltigung ist Bürgerkrieg, die politische Organisation, durch die ein Geschlecht dem anderen erklärt: Ich habe alle Rechte über dich, ich zwinge dich, dich unterlegen, schuldig und entwürdigt zu fühlen.«

Despentes schreibt außerdem, dass sich Frauen selten zur Wehr setzen. Nicht, weil sie es körperlich nicht könnten, sondern weil die Gesellschaft ihnen einredet, dass sie das »schwache« und im wahrsten Sinne des Wortes »unterlegene« Geschlecht sind, das vor dem »starken« Geschlecht Angst haben muss. Es sind also patriarchale Mechanismen jenseits biologischer Grundlagen, die hier wirken. Das bestätigen auch zwei der Frauen, die mir ihre Geschichten erzählt haben: Ihre Partner waren kleiner als sie und keineswegs besonders muskulös oder kräftig. Gewalttätig waren sie dennoch, die Angst der Frauen ist also nicht durch die körperliche Überlegenheit ihrer Partner zustande gekommen.

Die feministische Philosophin Kate Manne hat die misogyne Herabwürdigung von Frauen in ihrem Buch *Down Girl* untersucht. Sie versteht die »Logik der Misogynie« auf struktureller Ebene als ein System, das »innerhalb der patriarchalen Gesellschaftsordnung dafür sorgt, dass die Unterwerfung von Frauen durchgesetzt und kontrolliert und die männliche Herrschaft aufrechterhalten wird«. Zum Beispiel dadurch, dass Frauen zum »Geben« und Männer zum »Nehmen« erzogen werden, woraus sich eine einseitige Anspruchshaltung ergibt. Oder dadurch, dass Frauen bestraft werden, die es wagen, in männliche Machtbereiche einzudringen. Das System der Misogynie umfasst nach Manne ein komplexes Zusammenspiel verschiedener Praktiken, Diskurse, Verhaltensweisen, Regeln und Erziehungsmethoden, das männliche Herrschaft sicherstellt.

Misogynie hat viele Erscheinungsformen, Gewalt ist nur eine davon. Wenn wir uns Misogynie als Pyramide vorstellen, dann ist genderspezifische Gewalt ganz oben, mit Femiziden an der Spitze.

Darunter folgen alltäglichere Formen der Herabwürdigung: wenn Frauen auf ihren Körper reduziert werden, zum Beispiel durch *Catcalling*, also anzügliche Kommentare von Fremden auf der Straße (»Geiler Arsch«); wenn sie verächtlich oder lächerlich gemacht und abgewertet werden (»Du läufst wie ein Mädchen«); oder wenn ihnen in Form von *Victim Blaming* selbst die Schuld dafür gegeben wird, dass ihnen Gewalt widerfährt, also das berühmte »Dein Rock war ja auch zu kurz« bei der Vergewaltigung, das »Warum provozierst du ihn auch immer?« bei häuslicher Gewalt. Auf der untersten Stufe stehen zum Beispiel die Geringschätzung der Arbeit von Frauen, die sich etwa im *Gender Pay Gap* ausdrückt. Oder mangelnde Empathie mit ihnen, also beispielsweise, dass die Perspektive von Frauen keine Beachtung findet.

Das sehen wir in vielen Bereichen der Kultur. In Filmen und Serien des deutschen Fernsehens zum Beispiel werden jeden Tag misogyne Storylines erzählt, sogar zelebriert. In mehr als einem Drittel aller Formate werden Frauen als Opfer von expliziter schwerer Gewalt gezeigt, ihre Perspektive aber kommt nicht vor. Sie kommen nicht einmal richtig zu Wort, wie die MaLisa Stiftung in einer Studie herausgestellt hat, sondern bleiben stumme Opfer. Auf der einen Seite treten heute viel häufiger charismatische Ermittlerinnen im Krimi auf: Saga Norén in *Die Brücke*, Amaia Salazar in der *Baztán-Trilogie* oder die vielen *Tatort*-Kommissarinnen. Starke Frauenfiguren, die alt, knorzig und ganz eigene Typen sein dürfen. Andererseits ist da diese Besessenheit mit weiblichen, jungen, schönen Mordopfern: Von *SOKO Stuttgart* über *Laim* bis *Baztán-Trilogie*, das Prinzip ist immer das gleiche: Frauen werden entführt, vergewaltigt, getötet, verstümmelt, für immer zum Schweigen gebracht – und sind dabei trotzdem begehrenswert, über Leid und Tod hinaus. Weder Leichenstarre noch Verwesungsprozess können ihnen ästhetisch etwas anhaben. Es scheint, als gäbe es ein tief sitzendes Bedürfnis nach Ausgleich für die vielen erfolgreichen Ermittlerinnen. Das feministische Paradox zeigt sich hier mehr als deutlich.

Gleichzeitig wird ein ziemlich fragwürdiges Frauenbild inszeniert, gefeiert und konsumiert: Frauen sind attraktiv und passiv. Ihrer Schönheit und ihrer Weiblichkeit tut es keinen Abbruch, wenn sie als Tote vollkommen bewegungslos daliegen, nicht mehr denken, sprechen, fühlen oder handeln. Dabei wird ein Anspruch auf den Frauenkörper gleich mittransportiert, in der höchsten Intimität des Todes: Der Körper wird nackt und zugänglich gezeigt, soll Begehren wecken. Das Publikum darf den Blick frei über die nackte Frauenleiche schweifen lassen, alles vermessen und in Besitz nehmen. »Für manche Männer ist die absolute Machtlosigkeit einer Frau das erotischste, das sie sich vorstellen können«, schreibt Rebecca Solnit.

Und noch ein patriarchaler Effekt zeigt sich hier: Dadurch, dass diese Gewalt allgegenwärtig ist, ständig wiederholt wird und unsere Popkultur durchdringt, wird ein Bedrohungsszenario geschaffen: Frauen sollten ihren Platz kennen, sich nicht zu viel nehmen, nicht mit Fremden mitgehen und schon gar nicht ins Bett, sich nicht gegen männliche Macht wehren – sonst ist *das* eben die Konsequenz. Die Vermittlung dieses Bedrohungsszenarios geschieht aber nicht bewusst und absichtsvoll, es handelt sich nicht um eine patriarchale Verschwörung gegen Frauen, sondern es ist einfach eine Folge aus dem kulturellen Diskurs.

All die misogynen Praktiken, mögen sie auch noch so unbedeutend erscheinen, stellen als System die patriarchale Ordnung her. Sie regeln nicht nur auf der individuellen Ebene das Verhältnis zwischen »Mann« und »Frau«, sondern haben auch auf der gesellschaftlichen Ebene Konsequenzen: Sie prägen unsere Rollenbilder und produzieren sexistische Stereotype. Sie gendern Eigenschaften zu angeblich naturbedingt »typisch weiblichen« oder »typisch männlichen« Verhaltensweisen. Aus diesen sexistischen Vorstellungen wiederum speisen sich misogyne Praktiken. Und auf diese Weise kommt eine patriarchale Dynamik in Gang: Es geht darum, den als weiblich konstruierten Teil der Gesellschaft auf einen untergeordneten Platz in der sozialen Hierarchie zu verweisen, eine bestimmte angeblich »natürliche Ordnung« aufrechtzuerhalten und Frauen aus der Öffentlichkeit zu verdrängen. Die »natürliche Ordnung« ist eine binäre Ordnung, nonbinäre Identitäten kommen in der patriarchalen Logik nicht vor, denn sie widersprechen der Argumentation von der Naturgegebenheit von Geschlecht, schon durch ihre Existenz. Sie überschreiten die Gendergrenzen.

Deshalb ist für Schriftstellerin Despentes auch King Kong ein Idealbild, denn er »funktioniert hier als Metapher für eine Sexualität vor der Unterscheidung der Geschlechter, die gegen Ende des 19. Jahrhunderts politisch vollzogen wurde. King Kong ist jenseits von Weibchen und Männchen. Er ist das Bindeglied zwischen Mensch und Tier, Erwachsen und Kind, Gut und Böse, Primitiv und Zivilisiert, Weiß und Schwarz. Hybrid, vor der obligatorischen Binarität.« Genau das ist, was gerade passiert und was das Neue ist: Wir erleben das Aufweichen der Gendergrenzen, quasi die »Kingkongisierung« der Genderverhältnisse. Die feministische Essayistin Laurie Penny nennt das in ihrem neuesten Buch von 2022 eine bahnbrechende *Sexuelle Revolution*.

Egal, ob King Kong oder sexuelle Revolution, etwas zutiefst Erschütterndes ist im Gang und bringt die Grundfesten unserer Gesellschaft ins Wanken. Diese Entwicklung steht im Zentrum des feministischen Paradoxes und ist das, was den Backlash gegen Frauen hervorruft. Dieser Backlash ist viel größer als der bloße »Kampf der Geschlechter«. Es geht nicht darum, dass sich am Ende ein »Geschlecht« durchsetzt und Macht erringt oder behält. Es geht vielmehr um die Frage, ob wir diese Kategorien, die mit Macht verbunden sind, überhaupt noch brauchen. Das ist eine viel größere Erschütterung, eine viel größere Herausforderung für unsere Gesellschaft, als es ein bloßer Machtkampf innerhalb von Gruppen sein könnte. Ob diese Gruppen überhaupt noch existieren sollen, ist Gegenstand des Kampfes – nicht, wer gewinnt.

Nur, weil die binären Kategorien »männlich« und »weiblich« für männliche Herrschaft unabdingbar sind, können männliche Ansprüche, Privilegien und Dominanz überhaupt geltend gemacht werden. Zu diesen Vorrechten gehören auch der Besitzanspruch auf den Frauenkörper und der Anspruch auf gewisse Zuwendungen. Hier kommt ziemlich viel zusammen: Die Philosophin Manne spricht davon, dass Männer mit dem Gefühl sozialisiert würden, dass Frauen ihnen Zuneigung, Aufmerksamkeit, Bewunderung, Sex, Liebe, Respekt, Akzeptanz, Hege und Pflege, Geborgenheit und Zuflucht, außerdem Güte und Mitgefühl, moralische Zuwendung, Fürsorge, Anteilnahme und Trost schuldeten. Es bedeutet also einen ganz schönen Aufwand, den Frauen für Männer treiben (sollen), damit diese sich auf ihre wichtigen sozialen und politischen Aufgaben konzentrieren können und den Rücken frei haben.

Damit dieses einseitige Zuwendungsverhältnis so bleibt und sich nicht durch immer mehr Gleichberechtigung und weibliche Teilhabe an Gesellschaft und Politik verändert, formieren sich in westlichen Demokratien seit einiger Zeit autoritäre Allianzen unter dem Banner der Männlichkeit, Zusammenschlüsse zwischen rechten Konservativen, Fundamentalisten und *Male Supremacists.* Sie haben eine misogyne Ideologie zum politischen Programm erhoben, um das Patriarchat zu restaurieren. Obwohl diese Bewegungen Vielfalt, Gleichberechtigung und Frauenrechte angreifen, wurde die Genderdimension viel zu lange übersehen. Und sie wird bis heute nicht ausreichend gewürdigt. Dabei gehören Frauenhass und Antifeminismus wegen ihrer gesellschaftlichen Funktion zum Kern der Ideologie und mischen sich mit Rassismus und Faschismus.

Die Akteure, Maskulinisten, Fundamentalisten und Rechte, fühlen sich Frauen überlegen und wollen männlichen Bedürfnissen und Privilegien wieder zu mehr Dominanz verhelfen. Dafür gehen sie Allianzen ein, schließen Bündnisse. Und für diese autoritären Bewegungen ist der Feminismus das Feindbild, darüber machen sie ihre Ideologien untereinander anschlussfähig. Der Feminismus wird dabei als eine Art Gesellschaftsverschwörung konstruiert: Die Emanzipationsbewegung habe die Gesellschaft unterwandert, indem sie Frauen ermöglichte, selbst über ihre Körper zu bestimmen, zu verhüten oder abzutreiben, eigene Entscheidungen bei der Partnerwahl zu treffen und arbeiten zu gehen – daran gehe die Gesellschaft zugrunde. Dieser Prozess ist als Reaktion auf die tiefen Erschütterungen männlichen Selbstverständnisses in den letzten Jahrzehnten zu verstehen. Er ist die erbitterte Verteidigung maskuliner Privilegien und männlicher Herrschaft, die de facto noch existieren, in unserer Gesellschaft aber infrage gestellt und immer weiter abgebaut werden. Es geht hier um handfeste Interessen, denn tatsächlich gibt es in Spitzenpositionen, etwa in Politik und Medien, weniger Männer als früher – als es noch 100 Prozent waren. Das ist die politische Seite des feministischen Paradoxes.

Über diesen organisierten Teil des Frauenhasses habe ich in *Politische Männlichkeit* geschrieben. Was wir jetzt beim Anstieg von Gewalt gegen Frauen sehen, ist, wie diese Hassideologie die Mitte der Gesellschaft erreicht. Der Backlash ist im Schlafzimmer angekommen. Beide Ebenen – die politische und die persönliche – stehen miteinander in Beziehung und wirken zusammen. Der Wandel des Männlichkeitsbildes wird als gesellschaftlicher Kontrollverlust empfunden und konstruiert, der alle Lebensbereiche durchdringt. Denn Kontrolle ist direkt mit dem Konzept von Männlichkeit verbunden: »männlich sein« heißt »Kontrolle haben«. Was umgekehrt bedeutet, dass der gesellschaftliche Kontrollverlust Männer in ihrem männlichen Selbstverständnis trifft.

Gewalt setzt da ein, wo Macht schwindet, an ihren Bruchstellen, schreibt Hannah Arendt in *Macht und Gewalt* von 1970, was erst einmal paradox klingt. Gewalt ist Ausdruck von Machtlosigkeit – und nicht von unangefochtener Macht. Über Macht verfügt niemals eine einzelne Person, ausschließlich Gruppen können sie haben. Mit Arendts Erkenntnis ist auch Gewalt gegen Frauen weniger ein Paradox als vielmehr eine logische Folge: Die Gruppe der Männer verliert ihre Macht und reagiert mit Gewalt. Der patriarchale Herrschaftsanspruch, mit dem alle männlichen Wesen sozialisiert werden, wird durch den gesellschaftlichen Wandel, durch die erfolgreiche Revolte der Frauen, strukturell bedroht. Aber für die Gruppe der Frauen, die immer mehr Gleichberechtigung erkämpft, bleibt es natürlich ein Paradox, wenn mehr Macht mehr Gewalt nach sich zieht – und damit für Ohnmacht sorgt.

Misogyne Gewalt und Hass entstehen aus einer Spannung heraus, egal, ob als organisierte öffentliche oder persönliche private Form. Einerseits bestehen männliche Privilegien bis heute fort und sind tief in unserer Gesellschaft verankert. Das Männliche ist seit Jahrhunderten die Norm, an der sich alles orientiert und der sich alles unterordnen soll. Wenn der Anzug mit Krawatte die normale Kleidung einer Konferenz ist und ein Mann ihr normaler Teilnehmer, dann fällt eine entsprechend gekleidete männliche Person nicht weiter auf. Doch jede Frau im Kleid fällt auf, sie entspricht nicht der Norm – so wie Angela Merkel zu Beginn ihrer Amtszeit in ihren pastellfarbenen Kostümen auf Bildern mit anderen Staatschefs. Frauen sind seit jeher die Abweichung von der Norm.

Deshalb muss man ganz genau hinschauen, will man die Norm selbst erkennen. Und dieses genaue Hinschauen ist das, was gerade passiert. Plötzlich fällt uns auf, wie unglaublich es eigentlich ist, was in unserer Welt alles männlichen Maßen und Bedürfnissen folgt. Wohin man den Blick auch lenkt, auf Architektur und Infrastruktur einer Stadt, auf den Arbeitsalltag oder auf das Gesundheitswesen, alles ist auf Männer ausgerichtet, nicht auf Frauen. Wie tief diese gesellschaftliche Fixierung auf den Mann reicht, hat die feministische Aktivistin Caroline Criado-Perez in *Unsichtbare Frauen* analysiert. In so vielen Bereichen sind Frauen immer noch benachteiligt, obwohl Gesetze sie längst gleichgestellt haben. Und egal, ob Crashtestdummies, automatische Türen, Arbeitspensum, Werkzeuge, Geräte und Schutzausrüstung, Schusswesten und Gurte, Medikamente und Herzschrittmacher oder die Temperaturen in klimatisierten Gebäuden, der durchschnittliche Mann ist immer noch das Maß aller Dinge. Frauen sind dadurch einem höheren Gesundheits- und Sterberisiko ausgesetzt. Bei Autounfällen ist die Wahrscheinlichkeit, dass eine Frau ernsthaft verletzt wird, um fast 50 Prozent höher, und die Wahrscheinlichkeit, dass sie stirbt, um fast 20 Prozent höher als bei einem Mann, der den gleichen Unfall hat. Das liegt am Design von Autos und von Crashtestdummies, die sich am Durchschnittsmann orientieren.

Frauen in westlichen Gesellschaften stellen diese Norm und die mit ihr verbundenen Privilegien, die ganze männliche *weiße* Hetero-cis-Herrschaft, nun infrage wie niemals zuvor. Zum Beispiel, indem sie Bücher über die männliche Norm schreiben, wie Criado-Perez. Oder wie Rebekka Endler, die sich in *Das Patriarchat der Dinge* für Europa anschaut, *warum die Welt Frauen nicht passt.* Das Patriarchat gerät so immer mehr in Bedrängnis. »Männlichkeit ist eben »toxisch«, »problematisch«, »hassenswert«, »bedroht«, »in der Krise« und »am Ende«. Das Männliche ist also schon deshalb nicht mehr unangefochten universell gültig, weil wir als Gesellschaft Männlichkeit und die männliche Norm sichtbar machen und problematisieren.

Und was einmal sichtbar geworden ist, wird nicht einfach wieder unsichtbar. Das zeigt das Beispiel der Managermänner auf der Münchner Sicherheitskonferenz, die alle genau gleich aussehen: gleiche Hautfarbe, gleiche Kleidung, gleiches Alter, gleiche Schicht. In den 1960ern wäre an so einem Bild niemandem etwas aufgefallen, aber heute ist es plötzlich sichtbar: keinerlei Vielfalt. Das ist jetzt die Abweichung. Indem Frauen wie Criado-Perez, Endler oder Despentes Bücher über die männliche Norm und die Logik der Gewalt schreiben und das Patriarchat anprangern, stellen sie eine Herrschaftsdiagnose – und demontieren damit in einer breiten Öffentlichkeit ebenjene Herrschaft.

Männlichkeit ist in der identitätspolitischen Debatte nur noch eine Identität unter vielen, der Normanspruch ist dahin. Sonst hätte Wolfgang Thierse die Identitätspolitik von Minderheiten im *ZEIT Magazin* nicht mit dem Hinweis kritisieren müssen, dass er als Person »mittlerweile zum Symbol« geworden sei »für viele normale Menschen«. Das explizit betonen zu müssen, zeigt, welchen immensen Bedeutungsverlust »normale« Männer erlitten haben und wie sehr ihre Rolle in Gesellschaft, Politik, Wirtschaft und eben auch in der Familie infrage gestellt wird.

In der Spannung zwischen faktischem Patriarchat und diskursiver Überwindung, zwischen praktischer Wirklichkeit und der Idee von ihr, gedeihen Hass und Gewalt gegen Frauen. Sie ist sozusagen die Brutstätte für das feministische Paradox. Weil das Männliche nicht mehr die Norm sein soll, es aber auch keine neue gibt, ist eine Art Vakuum entstanden, das mit Gewalt gefüllt wird.

Der Nährboden hierfür ist etwas, das der Männlichkeitsforscher Michael Kimmel den »gekränkten Anspruch« nennt. Das bedeutet, dass Männer meinen, sie hätten einen Anspruch auf eine Frau, auf eine herrschende Rolle innerhalb von Familie und Gesellschaft und auf bestimmte Privilegien. Oder wie Philosophin Manne es formuliert, wachsen Männer immer noch in dem patriarchalen Bewusstsein auf, dass Frauen ihnen etwas schulden würden, auch Formen der emotionalen und sozialen Zuwendung, die weit über reproduktive und häusliche Erwartungen hinausgehen. Wenn sich Frauen daraus emanzipieren und der Erwartung nicht nachkommen, kränken sie den männlichen Anspruch. Auch wenn sich Männer selbst gar nicht für privilegiert hielten, würden sie immer noch meinen, dass sie einen Anspruch darauf haben, es zu sein, und die Führungsposten auszufüllen, so erklärt Kimmel das männliche Selbstverständnis. Und auf diese Kränkung reagieren manche Männer mit Gewalt – analog oder digital.

Abgesehen von den organisierten Formen der autoritären Bewegungen, werden wir seit einiger Zeit vor allem im halb öffentlichen

Bereich Zeug:innen einer unglaublichen Schwemme an Hasskommentaren und digitalem Mobbing. Sei es in Kommentarspalten von Onlinemedien, bei Twitter, Instagram, Facebook oder in Internetforen und auf Imageboards – Frauen werden beschimpft, beleidigt und bedroht. Es ist, als würde das, was an frauenfeindlichen Einstellungen öffentlich nicht mehr ohne Weiteres geäußert werden darf, in den Schutz der Halböffentlichkeit und Privatheit abtauchen und sich hier dafür umso heftiger Bahn brechen. Und von dort gelangt es zurück in die Öffentlichkeit.

Social-Media-Manager:in ist deshalb inzwischen ein richtiger Beruf, kein großes Onlinemedium kommt ohne ein ganzes Heer von ihnen aus, weil es so viel zu filtern und zu moderieren gibt. Besonders krass ist es, wenn Frauen in ehemaligen Männerdomänen erfolgreich sind und eine neue Form weiblicher Autorität und Macht performen, wie Ricarda Lang als Grünen-Chefin oder Claudia Neumann als Sportreporterin. Und noch drastischer ist es, wenn bei ihnen eine Migrationsbiografie wahrgenommen wird, sie PoC sind, wie Seda Başay-Yıldız als Anwältin im NSU-Prozess oder Idil Baydar als Kabarettistin und Schauspielerin. Diese Frauen trifft der Hass am stärksten, und zwar als Frauen. Sie werden durch sexualisierte Gewaltfantasien auf ihr Frausein reduziert.

Und auch in Beziehungen ist dieselbe Spannung zu finden. Einerseits vertreten Partner nach außen hin progressive Haltungen, unterstützen feministische Positionen oder fördern Frauen in männerdominierten Bereichen. Zu Hause aber sind sie gewalttätig, wollen die Karriere der eigenen Frau verhindern und ihre Ansprüche und Bedürfnisse erfüllt bekommen. Mit der Gleichberechtigung ist es an der eigenen Haustür, wenn es an die eigenen Privilegien geht, vorbei. Und mehr noch: Die Familie ist der Ort, an dem der gesellschaftliche Kontrollverlust kompensiert wird. Es geht also nicht nur darum, zu Hause einen Ort zu schaffen, wo Gleichheit nicht gilt. Sondern auch darum, einen Ort zu schaffen, wo die Ungleichheit größer wird, um die gesellschaftlichen Verluste auszugleichen.

Darauf deutet auch eine Studie über den Zusammenhang von Gewalt mit Feminismus und Gleichberechtigung hin, die zum Internationalen Frauentag 2022 erschien. Ein Drittel aller Männer weltweit ist der Meinung, dass der Feminismus mehr schade, als dass er nutze. In Schweden, Deutschland und Großbritannien gaben das um die 30 Prozent der Männer an. Und der Aussage, dass die traditionelle Männlichkeit bedroht ist, stimmt fast die Hälfte aller Männer in den USA zu, in Deutschland ist es ein Viertel. Die Studie ist ein erstes kleines Mosaiksteinchen, das uns vor Augen führt: Das Unbehagen mit der Gleichberechtigung ist groß, gerade auch in westlichen Ländern.

Take Back Control I

Ein junger Mann postet auf TikTok eine kurze Videosequenz von sich, die mit schnulziger Musik unterlegt ist. Während er verschmitzt in die Kamera grinst, ist zu lesen: »Stell dir vor, wir hätten ein Bowlingdate und wenn du nicht hinschaust, schlage ich dir die Bowlingkugel auf den Kopf und werfe dich für einen Strike über die Bahn, sodass du f*cking stirbst«. 41 000 Likes. »Stell dir vor, wir haben ein Date, die Musik wird leiser, die Lichter dimmen herunter, wir zwei nähern uns für einen Kuss und ich ersteche dich mit einem Messer«. 362 000 Likes. Ob beim gemütlichen Videoabend, beim romantischen Strandpicknick, beim gemeinsamen Zoobesuch, auf der Bowlingbahn oder im Fitnessstudio – die Datingpartnerinnen der jungen Männer werden mit Kissen erstickt, an Haie oder Löwen verfüttert oder mit Hantelstangen erschlagen. Diese Tötungsfantasien sind Teil einer Challenge, die Femizide verharmlost und Ende 2021 für Aufsehen sorgt. Während die eine Hälfte der TikTok-Community sich darüber amüsiert, gruselt sich die andere.

Der Grusel kommt dadurch zustande, dass sich unschuldig aussehende junge Männer mit Liebe zum Detail ein atmosphärisches Date ausdenken, nur, um dann die Frau möglichst brutal mit ebendiesen Details zu töten. Süße Softboys, die zu boshaften Mördern mutieren. Das ist das Erfolgsrezept für den Hype: das unheimliche Gefühl, dass plötzlich etwas völlig Unerwartetes in das Idyll hineinbricht. Es könnte alles so romantisch sein, aber dann, wie aus dem Nichts … Der Trend lebt von einer Spannung: Auf der einen Seite steht die gesellschaftliche Erwartung an junge Männer, nett und charmant zu sein, sich korrekt zu verhalten und nicht übergriffig zu werden. Auf der anderen Seite blitzt eine Vorstellung von Männlichkeit auf, die gewalttätig, unbezähmbar und wie eine Naturgewalt jederzeit hervorbrechen und zerstören kann.

Die Challenge trifft einen Nerv. Viele, vorwiegend männliche User:innen finden das ziemlich witzig, »lol« – und das ist für diejenigen, von denen potenziell als Opfer die Rede ist, noch viel unheimlicher. Denn Frauen haben eine völlig andere Perspektive auf ein Date als Männer, sie müssen mit anderen Realitäten zurechtkommen. Frauen stellen sich Fragen wie: Sollte ich einer Freundin vorher sagen, wo ich hingehe? Muss ich mein Getränk im Auge behalten, damit keine K.-o.-Tropfen hineingeraten? Kann ich wirklich in sein Auto einsteigen oder in seine Wohnung hochgehen? Fragen, die sich Männer nicht stellen müssen.

Dieser Trend, der auf TikTok zunächst harmlos daherkommt, sagt viel über das Lebensgefühl junger Männer aus, die offenbar zutiefst verunsichert sind. Die Spannung zwischen gesellschaftlicher Erwartung und einem Männlichkeitsideal, das dem zuwiderläuft, sorgt für Unsicherheit: Wird sie mich wiedersehen wollen? Werde ich jemals eine Frau finden? Wie viel Mühe muss ich mir für Sex geben? Welche Fehler darf ich auf keinen Fall begehen, um einen »guten ersten Eindruck« zu machen? Das sind Fragen, die sich Männer stellen müssen, weil Frauen eine Wahl haben, weil sie einfach Nein sagen können und dabei nicht einmal besonders höflich sein müssen.

Umgekehrt können Männer Frauen natürlich auch zurückweisen, aber mit einem entscheidenden Unterschied: für Frauen ist es normal, eine Zurückweisung zu akzeptieren – für Männer nicht. Unsere Kultur bringt schon kleinen Jungen bei, sich durchzusetzen, Macher zu sein, kein »Nein« gelten zu lassen, Grenzen zu überschreiten, sich das zu nehmen, was sie wollen, und das, was ihnen »zusteht«, notfalls mit Zwang und Gewalt. Wäre das anders, bräuchten wir keine groß angelegten Kampagnen wie »Nein heißt Nein«.

Die männliche Empörung darüber, sich Mühe geben zu müssen, möglichst attraktiv zu sein und eventuell dennoch abgelehnt zu werden, bringt der TikTok-Trend zum Ausdruck. Es muss sich erleichternd anfühlen, dem eigenen Scheitern einfach zuvorzukommen, bevor eine fremde Frau, vielleicht Objekt des Begehrens, eine Entscheidung treffen kann. Der Eventualität, etwas falsch zu machen, dadurch verletzlich zu werden und die Kontrolle zu verlieren, wird mit einer Tötungsfantasie als Selbstermächtigung begegnet. Die jungen Männer führen in der Fantasie ihr Scheitern durch einen gewaltvollen Exzess herbei. Gleichzeitig bestrafen sie die Frau dafür, dass sie ihr männliches Date zurückweisen könnte – bevor sie es tatsächlich tut. Wenn sie tot ist, kann sie es nicht mehr. In dieser Vorstellung finden junge Männer einen Weg, wie sie nicht von der Entscheidung einer Frau abhängig sein müssen. Und sie erlangen damit die Kontrolle zurück, und das ist letztlich, worum es hier geht: Weibliche Selbstbestimmung fühlt sich an wie ein Kontrollverlust. Jemandem das Leben zu nehmen, heißt, die absolute Kontrolle über diese Person zu haben.

Bei der TikTok-Challenge sind es nur Fiktionen, die geteilt und weiterverbreitet werden. Dennoch bleiben sie nicht folgenlos. Das Phänomen, dass junge Männer mit Gewalt auf die Zurückweisung von Frauen reagieren, gibt es schon länger und nicht nur in der Netzwelt. Die *Incel*-Szene hat den Hass auf Frauen kultiviert, die ihnen Sex »verweigern«, als hätten sie einen Anspruch darauf. Diese Gruppe von vorwiegend jungen Männern gibt Frauen die Schuld an der eigenen Misere. In speziellen Foren haben gleichgesinnte *Incels* eine krude Ideologie entwickelt, in der die Abwertung von Frauen im Zentrum steht. Mit gewaltverherrlichenden Videos und Memes steigern sie sich immer weiter in ihr destruktives Weltbild hinein und fantasieren vom Gesellschaftsumsturz, an dessen Ende sie als Überlegene und Herrschende an der Spitze der gesellschaftlichen Hierarchie stehen.

Was als Netzphänomen seinen Anfang nahm, ist längst auch in der analogen Welt angekommen. Seit vielen Jahren sehen wir, wie sich online verbreiteter Frauenhass und Gewaltexzesse in der analogen Welt materialisieren: als Terroranschläge auf Frauen, zum Beispiel, die *Incels* begehen, nachdem sie zuvor in einschlägigen Foren entsprechende Pläne teilten. Einzelne Täter wollen die Ideen der »Incel Rebellion« in die Tat umsetzen, indem sie möglichst viele Menschen in der realen Welt umbringen, wie in Isla Vista 2014, in Toronto 2018 oder in Halle 2019. Sie hoffen, dass andere es ihnen gleichtun und so eine Welle losgetreten wird. Deshalb streamen sie ihre Taten oder sorgen mit anderen Mitteln für Aufmerksamkeit.

Das wiederum wirkt in die digitale Wirklichkeit zurück, wo Täter glorifiziert und wie Heilige verehrt werden. Die *Incel*-Bewegung feiert sich selbst als erfolgreichen Kult, der junge sexlose verunsicherte Männer ermächtigt und ihnen die Bedeutung verspricht, die ihnen ihrer Meinung nach zusteht, aber von der Gesellschaft verweigert wird. Der Ruhm und die Aufmerksamkeit der Medien provozieren neue Taten. Eine sich selbst nährende Gewaltspirale. Auch das ist Teil des feministischen Paradoxes: Weibliche Selbstbestimmung über den Körper, die Freiheit, Sex zu haben oder eben nicht, und die Entscheidung, eine Beziehung einzugehen oder eben nicht, führt zu ganz neuen Formen von Gewalt.

Das sehen wir nicht nur bei extremistischen *Incels*, sondern die Gewaltspirale wirkt auch in die Beziehungen von Menschen aus der Mitte der Gesellschaft hinein. Männer üben Gewalt gegen Partnerinnen mit neuen Technologien und Reichweiten aus und bekommen dafür Beifall aus der misogynen Onlinecommunity, was sie und andere Männer bestärkt und befeuert. Weil sich die Grenze zwischen online und offline, virtueller und materieller Wirklichkeit, Privatheit und Öffentlichkeit im Internetzeitalter immer weiter auflöst, können Täter ihre Opfer heute mit derselben Gewalttat gleich mehrmals demütigen, indem sie die Videos einer analogen Tat im Internet verbreiten, also etwa ein Vergewaltigungsvideo auf eine frequentierte Pornoseite hochladen. Extreme Reichweiten und die ganz eigene Aufmerksamkeitsökonomie von Foren führen dazu, dass solche Videos rasend schnell zirkulieren und nie wieder verschwinden. Die Demütigung für die Betroffene ist maximal, der Ruhm des Täters ebenfalls. User solcher Pornoplattformen werden zu gewalttätigem Handeln inspiriert.

Ein anderes Beispiel sind die neuen technologischen Möglichkeiten, Partnerinnen zu überwachen, zu stalken oder zu shamen, die heute einer breiten Masse zur Verfügung stehen. Waren früher aufwendige Spitzeltechnologie oder das ABC der Diffamierungskampagne Sache von Geheimdiensten, kann heute jeder x-beliebige Mann damit hantieren. Intime Videos oder Bilder werden zu

Revenge Porn, *Deep Fakes* der Expartnerin lassen sich ganz einfach am heimischen Computer herstellen und verbreiten, den Aufenthaltsort der Freundin sendet ein Trojaner von ihrem Handy. So kontrollieren Männer Frauen mit ganz neuen Techniken. Der Aufenthaltsort von Frauen in der analogen Welt und was sie dort tun, bleibt in der digitalen Welt nicht mehr verborgen – nicht einmal mehr im eigenen Bett.

Beziehungen bleiben von diesen Entwicklungen nicht unberührt. Wie sich der patriarchale Backlash vollzieht, können wir auch hier beobachten. Bei Beziehungsgewalt geht es letztlich um das Gleiche wie bei der TikTok-Challenge. Es ist immer dasselbe Muster: Durch weibliche Autonomie verlieren Männer ihre Kontrolle, die sie durch Zwang und Gewalt wiederherstellen wollen. Die Geschichten der Frauen zeigen es: Gewalt erleben sie immer genau dann, wenn sie sich Freiheiten nehmen und emanzipieren wollen. Das zieht sich als roter Faden durch ihre Biografien. Und es ist auch die Erfahrung, die diejenigen machen, die mit gewaltbetroffenen Frauen zu tun haben. Anwältin Hedayati bestätigt: »Es kommt zu Gewalt, wenn Frauen sich unabhängiger machen wollen. Wenn sie wieder arbeiten gehen nach der Elternzeit, mehr arbeiten oder im Fall von Migrantinnen die deutsche Sprache lernen. Übrigens auch bei migrantischen Frauen mit deutschen Männern. Ein typischer Fall: Deutscher Mann holt sich Frau aus dem Ausland, sie versucht, hier Teil der Gesellschaft zu werden, sich zu integrieren, die Sprache zu lernen, einen Job zu finden. Diese Freiheit kann er nicht akzeptieren.« Weibliche Unabhängigkeit gleich männlicher Kontrollverlust. Bei Gewalt gegen Frauen in Partnerschaften geht es um Männlichkeit, um männliche Identität, die bedroht ist. Um Männer, die verunsichert sind.

Besonders deutlich wird das an der Geschichte von Frau F.,

verdichtet zu einem einzigen Bild: die mit Sicherheitsschlössern übersäte Haustür. Diese Schlösser stehen zwischen ihr und der Freiheit, machen aus der gestandenen Juristin eine Gefangene im eigenen Zuhause. Sie zementieren den Anspruch ihres Mannes darauf, über ihren Körper und dessen Aufenthaltsort zu bestimmen – und jederzeit die volle Kontrolle über seine Frau zu haben. Die Freiheitsberaubung ist jedoch nicht das Gravierendste, sondern es ist die psychische Gewalt, die der Richter über seine Frau ausübt: die Schlösser in Frau F.s Kopf. Die ständige Bedrohung, die immer präsente Möglichkeit, dass er ihr etwas antun könnte. Das ist es, was ihr die größte Angst macht, sie gefügig sein lässt. Körperliche Gewalt wendet er wohldosiert an. Zweimal würgt er sie, einmal, als sie ankündigt, nach der langen Elternzeit mit zwei Kindern wieder in Vollzeit zu arbeiten. Das andere Mal, als sie ihn dazu auffordert, wenigstens vor den Kindern Alkohol und Drogen sein zu lassen, von der Couch aufzustehen und im Haushalt mitzuhelfen, weil sie ihn sonst verlassen würde.

Würgen ist eine typische Art von Gewalt, die Männer Frauen antun. Auch sie hat mit Kontrolle zu tun, denn der Täter kann sein Opfer mit bloßen Händen umbringen und so die absolute Kontrolle gewinnen. Nicht nur das tatsächliche Würgen nimmt Frau F. die Luft zum Atmen, sondern auch die bloße Möglichkeit, dass er es wieder tun könnte. Auch wenn ihr Mann gar nicht da ist, greift er nach ihr und hat sie so immer im Griff. Gerade psychische Gewalt gegen Frauen wird vielfach vollkommen unterschätzt oder heruntergespielt. Dabei ist sie besonders perfide: Die bedrohliche Situation ist für Frauen schwer auszuhalten, sie versuchen, alles richtig zu machen, damit sich die Spannung ihres Partners nicht entlädt. Frauen halten sich so selbst unter Kontrolle, was sie in einen Zustand ständiger innerer Anspannung versetzt.

Den womöglich größten Kontrollverlust erleben Männer, deren Partnerinnen beruflich besonders erfolgreich sind. Frau F. ist Akademikerin, ihr Mann ein hochdekorierter Richter in Köln. Diese Konstellation ist bei Gewaltfällen keinesfalls mehr ungewöhnlich, wie die Leiterin der Berliner Frauenberatung Bora, Stefanie Soine, bestätigen kann. Sie arbeitet seit zwanzig Jahren in dem Bereich, betreut ein Frauenhaus und Sicherheitswohnungen und sagt: »Nach meinen Erfahrungen hat die Gewalt gegen Akademikerinnen deutlich zugenommen.« Heute suchten mehr Frauen Hilfe bei Bora, die gut situiert, hochgebildet und sogar zum Teil erfolgreicher sind als ihre Männer. Auch wenn sie gelernt hätten, es zu kaschieren. Das war nicht immer so. Früher kamen die Betroffenen in der Mehrheit aus wenig gebildeten, einkommensschwachen Schichten. Seit fünf bis zehn Jahren sei dieser Wandel zu beobachten, so Soine. Insbesondere in der Beratungsstelle werden diese Frauen inzwischen präsenter und sind längst keine Ausnahme mehr. Ob sich Akademikerinnen früher nur nicht trauten, ein Hilfsangebot in Anspruch zu nehmen oder gar ein Frauenhaus aufzusuchen, ist schwer einzuschätzen.

Soines persönlicher Eindruck wird von der Wissenschaft gestützt. Monika Schröttle, die Forscherin, die die wegweisenden Studien zu Gewalt gegen Frauen für das Familienministerium durchführte, ist auch diejenige, die »arme Frauen« und »Akademikerinnen« als die beiden besonders gefährdeten Gruppen identifiziert hat. Sie leitet am Institut für empirische Soziologie in Erlangen-Nürnberg den Forschungsbereich Gender, Gewalt und Menschenrechte. In einem Interview im Buch *Femizide* von 2022 sagt sie, dass ein erhöhtes Gewaltrisiko für diejenigen Frauen besteht, »die hochgebildet sind und oder materiell mit ihrem Partner auf Augenhöhe oder überlegen«. Der Partner ertrage es nicht, dass die Frau erfolgreicher ist als er und sich nicht von ihm kontrollieren lasse. Doch Soine, die Tag für Tag mit konkreten Fällen zu tun hat, geht noch weiter in ihrer Einschätzung, wenn sie beobachtet, dass sich der Anteil an Akademikerinnen sogar erhöht hat. Dieses Phänomen wird erst seit wenigen Jahren untersucht, weshalb die Wissenschaft noch keine verlässlichen Aussagen über den langfristigen Wandel treffen kann. Aber der Eindruck der Praktikerin stützt die These, dass mehr Gleichberechtigung – und das heißt eben auch: Frauen werden immer erfolgreicher und überholen unter Umständen ihre Partner – mehr Gewalt hervorbringt. Deshalb sind immer häufiger Akademikerinnen betroffen.

Die Frauen, die bereit waren, mit mir über ihre Gewalterfahrung zu sprechen, sind ebenfalls ausnahmslos Akademikerinnen. Das ist zweifellos keine repräsentative Stichprobe. Es mag Zufall sein oder daran liegen, dass es gebildeten Frauen leichter fällt, darüber zu sprechen oder überhaupt eine Sprache für das Erlebte zu finden. Gleichzeitig ist die Schamschwelle bei ihnen besonders hoch, weil ihr Selbstbild von der erfolgreichen, gebildeten, gleichberechtigten Akademikerin nicht zur Erfahrung der Erniedrigung durch den Partner passt. Eigentlich dürfte ihnen »so etwas« nicht passieren, denken viele von ihnen.

So auch die Medizinerin Johanna Bardun, Ende dreißig. Ihre wahre Identität will sie nicht offenbaren, damit ihr Exmann, nennen wir ihn Paul, juristisch nichts gegen sie in der Hand hat. Er hat gedroht, sie zu verklagen, sollte sie weiterhin erzählen, was er getan hat. »Je sicherer ich selbst wurde, desto unsicherer und aggressiver mir gegenüber wurde er«, sagt Johanna und bringt damit auf eine Formel, was die Gewalt auslöste. Es sind genau die Triggerpunkte, die den Frauenhass der TikToker oder der *Incels* auslösen:

Männer reagieren gewalttätig, wenn sie sich in ihrer Männlichkeit verunsichert fühlen.

Zehn Jahre lang ist Johanna mit Paul verheiratet, er stammt aus einer evangelikalen Familie mit entsprechendem Frauenbild: Eine Frau hat in einer Leitungsfunktion nichts verloren, eine Frau ist Hausfrau und Mutter, eine Frau ist für ihren Ehemann da. Natürlich kann so jemand eine erfolgreiche Ehefrau nur schwer akzeptieren, ließe sich einwenden. Doch Paul ließ das Frauenbild seiner Familie hinter sich und entschied sich bewusst für Johanna. Er wollte eine Frau auf Augenhöhe, aber er wollte sie eben auch kontrollieren. Er verkörpert mit seinen Widersprüchen die Spannungen des feministischen Paradoxes: In der Öffentlichkeit vertritt er progressive Positionen. Zu seinem Freundeskreis gehören ganz selbstverständlich Feministinnen, zu seinem Habitus eine woke Sprache. Paul ist weltgewandt und offen, hochgebildet und spricht mehrere Fremdsprachen. Und dann ist da zu Hause diese andere Seite, wie Johanna irgendwann merkt, ein ihr gegenüber zutiefst patriarchal denkender und handelnder Mensch.

Ihre Beziehung ist also ambivalent. Nach außen hin sind Johanna und Paul ein symbiotisch auftretendes Erfolgspaar: Beide arbeiten in der medizinischen Forschung an der renommierten Harvard Medical School, bekommen Auszeichnungen und werben Gelder für Studien ein. In den eigenen vier Wänden zeigt sich ein ganz anderes Bild. Hier soll Johanna Hausfrau sein und sich ausschließlich um die Bedürfnisse ihres Mannes kümmern. Paul setzt sich für Frauen in seinem wissenschaftlichen Fachgebiet ein. Gleichzeitig versucht er, die medizinische Karriere seiner eigenen Frau mit allen Mitteln zu verhindern. Er würdigt sie herab: »Du bist nicht gut genug«, »dein Englisch ist viel zu schlecht«, »deine Themen interessieren doch keinen«, »niemand will deine Aufsätze lesen«. Damit hält er sie ein paar Jahre lang von ihrer Doktorarbeit ab. Im Nachhinein sagt Johanna: »Für Paul war es das Größte, eine so leistungsfähige Frau wie mich kontrollieren zu können – je mehr ich erreichte, desto größer die Herausforderung für ihn, mich zu erniedrigen.«

Zu Hause will er zunehmend alles bestimmen, manipuliert ihre Wahrnehmung und ihre Gefühle, übt Druck auf sie aus, wann immer sie eigene Entscheidungen treffen will oder anderer Meinung ist. Wenn sie nicht macht, was er will, wird er aggressiv und streitlustig, er droht ihr oder erniedrigt sie. Sie soll die Wäsche genau so waschen, wie es auf dem Etikett steht. Ist da ein Baumwollzeichen abgebildet, muss es das Baumwollprogramm sein. Er isoliert sie aus ihrem Freundeskreis und übernimmt die Kontrolle über ihr Konto und das Geld, das sie als Forschungsstipendium eingeworben hat. Schritt für Schritt macht er auf diese Weise bei sich zu Hause rückgängig, was der Feminismus für Frauen erreicht hat. Paul wendet Zwang genau in den Bereichen an, in denen früher der Staat die patriarchale Macht sicherte, indem er den Mann zum Oberhaupt der Familie bestimmte und Frauen zum Beispiel ein eigenes Konto oder Vermögen verwehrte.

Außerdem gibt er seiner Frau das Gefühl, mit ihrer Wahrnehmung stimme etwas nicht. »Indem er mir einredete, dass das, was ich wahrnehme, nicht der Wahrheit entspreche und ich geistesgestört sei«, erzählt Johanna, manipuliert er sie. An eine Szene erinnert sich Johanna, die im wahrsten Sinne des Wortes zum Schlüsselerlebnis für sie wird: Die Tür ihres Ferienapartments lässt sich nur schwer abschließen. Johanna ruft ihren Mann, der im Mietwagen auf sie wartet und sie unter Druck setzt. »Die Uhr tickte, er hatte alles ganz genau geplant«, so Johanna. Er erklärt ihr ungehalten: »Du musst nach rechts drehen«, doch es funktioniert nicht. Irgendwann kommt er hoch zur Tür, dreht den Schlüssel mit einer einzigen Bewegung nach links und sagt: »Was ist daran so schwer, einfach nach links drehen, genau wie ich gesagt habe.« Mit solchen Taschenspielertricks macht Paul Johanna weis, sie sei weniger fähig als er und daher auf ihn angewiesen.

Das mag harmlos klingen, aber tatsächlich sind all diese kleinen Manipulationen und Zwänge typisch bei häuslicher Gewalt. Die Täter gehen langsam immer ein Stückchen weiter. Der amerikanische Psychologe Evan Stark spricht in seinem Buch *Coercive Control* (Zwangskontrolle) in diesem Zusammenhang von »Entrapment«: Die Täter spannen ein weites Netz um ihre Opfer, das sie dann sukzessive enger ziehen. Sie treiben ihre Partnerin immer mehr in die Enge, setzen sie unter Druck, machen Vorgaben – und vergrößern ihre Kontrolle damit in kleinen, aber zielführenden Schritten. Häusliche Gewalt beginnt in den seltensten Fällen mit Schlägen oder Vergewaltigungen. Am Anfang manipulieren Täter ihre Partnerinnen, üben in kalkulierten Dosen psychische Gewalt aus, drohen ihnen, isolieren sie aus ihrem sozialen Umfeld und ziehen ihre Wahrnehmung in Zweifel. Die Grenzen werden durch gezielte Überschreitungen immer weiter verschoben. Das Ziel von diesem »Entrapment«: die komplette Abhängigkeit der Frau von ihrem Mann.

Die Geschichte von Paul und Johanna zeigt das, in mancher Hinsicht auf absurde Weise. Johanna ist wahnsinnig ehrgeizig, diszipliniert und charismatisch. Sie verkörpert das Ideal der Karrierefrau beispielhaft. Doch während der Ehe mit Paul wandelt sie sich von der Akademikerin zur perfekten Fünfzigerjahre-Hausfrau, allein durch seine Manipulationen. Ein grotesker Wandel, werden später Johannas Freund:innen sagen, die sie von früher kennen. Johannas Wandel erreicht Paul mit *Gaslighting*, also mit der langsamen Übernahme der Kontrolle über ihre Realität, wie in dem »Schlüsselerlebnis«. Wenn einer Frau immer wieder eingeredet wird, dass sie manches nicht so gut kann, häufig nicht weiß, was sie tut, oder grundsätzlich unrecht hat, glaubt sie es irgendwann. Je mehr Gleichberechtigung es gibt, desto mehr müssen autoritär eingestellte Männer auf manipulative Methoden wie *Gaslighting* zurückgreifen, um ihre Ziele zu erreichen. Am Ende ist von Johanna nur noch ein überstrapaziertes Ideal von Weiblichkeit übrig, sein Ideal. Und er kann dadurch sein Ideal von Männlichkeit performen, eine Karikatur des traditionellen Männerbilds. Als sich Johanna schließlich daraus befreit und sich viel später auch von ihm trennt, vergewaltigt Paul sie.

Johannas Geschichte ist kein Einzelfall, was die Konstellation angeht: Akademikerin mit kontrollbesessenem Ehemann. Auch bei Katja Seibel war es so. Auch sie heißt eigentlich anders. Katja kommt ursprünglich aus Russland und besucht einen Kurs, um Deutsch zu lernen. Vor und nach jeder Kursstunde muss sie sich bei ihrem Mann melden, damit er weiß, was sie macht und wo sie ist. Wenn sie mit der gemeinsamen Tochter auf den Spielplatz geht, ruft er sie ständig an, damit sie das enge Zeitfenster, das sie für sich alleine draußen hat, nicht dafür nutzt, mit ihrer Familie in Russland oder Freund:innen zu telefonieren. »Hast du keinen Ehemann?«, fragt er dann. Alles soll sich um ihn drehen. Sie ist Betriebswirtin, er arbeitet in einer Securityfirma. Hier sind die Verhältnisse also genau so, wie die Leiterin der Bora-Frauenberatungsstelle es in ihrer Praxis zunehmend beobachtet: Sie ist besser qualifiziert als er. Trotzdem macht sie alles exakt so, wie er es von ihr verlangt. Er verwaltet, genau wie Johannas Mann, das Konto und macht sie so finanziell von sich abhängig. Es ist eine künstliche, gewaltvoll herbeigeführte Abhängigkeit. »Ich habe es lange nicht gemerkt, aber irgendwann hatte ich alle meine Freiheiten verloren«, erklärt Katja. Später wird sie sich mit ihrer kleinen Tochter in insgesamt drei verschiedene Frauenhäuser in zwei Städten flüchten, weil sie Angst vor ihrem Partner hat. Den Übergang zwischen dem Einschränken ihrer Freiheiten und der existenziellen Angst vor Gewalt hat Katja kaum bemerkt, er war zu fließend. Doch irgendwann droht er ihr immer dann, wenn sie widerspricht. Dass er sie in den Rollstuhl bringen wird. Dass er sie umbringt. Dass er ihr die Tochter wegnimmt und sie zurück nach Russland schickt. Als sie einmal in einem Streit ihre Meinung verteidigen will, geht er auf sie los und würgt sie. Danach beginnt Katjas Odyssee von einem Frauenhaus zum anderen, die sie fast ein Jahr ihres Lebens kostet.

In dieser Zeit wird ihre gesamte Energie von der Flucht und der Angst beansprucht. Sie kann deshalb nichts mit ihrer Tochter unternehmen. Sie kann keine Freund:innen treffen, kein Netzwerk pflegen oder aufbauen. Sie hat keine Möglichkeit, in ihrem Beruf voranzukommen, keine Zeit oder Ressourcen, in ihre Weiterbildung zu investieren oder an ihrem Lebenslauf zu arbeiten – sie fällt einfach aus. Sie liest keine Zeitung, verfolgt die Nachrichten kaum, das Weltgeschehen hat für sie keine Bedeutung mehr. Sie kann sich nicht bei Twitter über gesellschaftliche oder politische Entwicklungen äußern und darüber mit Followern diskutieren, dafür ist sie viel zu weit weg von allem. Sie hat zu viel Angst. Sie kann nicht wählen gehen und schon gar nicht selbst politisch aktiv werden, sie kann sich über Politik nicht einmal aufregen oder mit anderen sprechen. Sie kann sich nicht für Tierschutz engagieren oder gegen den Klimawandel, sie kann nicht Nestlé oder Vattenfall boykottieren, indem sie nur noch fairtrade Bioprodukte kauft oder einen nachhaltigen Stromanbieter wählt. Sie hat ja nicht einmal eine eigene Wohnung. Sie kann sich nicht mit ihrem Mobilfunkprovider streiten, der zu viel berechnet hat, oder eine Petition einreichen, weil die Autos an der Kreuzung vorm Haus zu schnell fahren und es keine Ampel gibt. Stattdessen versteckt sie sich, verschleiert ihre Spuren, versucht, keinerlei Aufmerksamkeit auf sich zu ziehen, überlegt ihre nächsten Schritte und Möglichkeiten, füllt Anträge aus und telefoniert mit Behörden. In jeder entbehrlichen Minute versorgt sie ihr Kind und versucht, dessen Trauma so gering wie möglich zu halten und das Erlebte selbst zu bewältigen.

Gewalttätige Partner und besonders die Flucht ins Frauenhaus bedeuten für Frauen eine Zeit, in der sie nicht ihre Persönlichkeit frei entfalten, ihre Fähigkeiten einsetzen, sich beruflich weiterentwickeln, sich politisch engagieren oder in gesellschaftliche Debatten einbringen können. Sie können ihre Rechte nicht wahrnehmen, weil sie zu sehr damit beschäftigt sind, zu überleben. Der Schaden, den gewalttätige Männer anrichten, geht also weit über den körperlichen und seelischen Zustand einer einzelnen Frau hinaus – er ist politisch.

Raus aus der Gesellschaft, rein ins Frauenhaus

Mir wird ein Treffpunkt mitgeteilt. Von dort aus geht es zu Fuß weiter. Es ist noch ein weiter Weg, den ich zurücklegen muss. Doch schließlich stehe ich am Stadtrand von Berlin vor einem Haus. Es ist wunderschön gelegen, inmitten eines Idylls aus grünen Wiesen, blühenden Bäumen und gepflegten Gärten. Niemand würde vermuten, welche Schicksale sich hinter den hohen eisernen Toren verbergen. Wobei »Schicksal« das falsche Wort ist, legt es doch nahe, es handele sich um eine unvermeidbare Sache, eine Naturgewalt. Auf dem Klingelschild steht irgendetwas Unverfängliches. Das Haus ist sehr groß, der umliegende Garten weitläufig, es gibt einen Sandkasten und einen Spielplatz. Kinderfahrräder, Bobbycars und Roller liegen wild verstreut umher.

Drinnen öffnen sich weite Flure, von denen viele Zimmer abgehen. Jede der Frauen, die hier wohnt, hat ein eigenes Zimmer für sich und ihre Kinder. Daneben gibt es Wohnzimmer, Sofaecken und Gemeinschaftsküchen sowie für die Kinder Bastelzimmer, Tobe-Ecken und Spielräume. Alles ist liebevoll gestaltet, eine Schar Origamivögel schwebt als Mobile unter der Decke, bunte Bilder hängen in den Gängen, es gibt viele Pflanzen, Hüpfpolster und farbig getupfte Wände. »Wer wagt es, sich den donnernden Zügen entgegenzustellen? Die kleinen Blumen zwischen den Eisenbahnschwellen.« Das Zitat von Erich Kästner ist so etwas wie das Motto des Frauenhauses.

Durch ein großes Fenster blickt man in den weitläufigen Garten auf das sonnige Grün. Doch es ist niemand hier, der die Schönheit und die liebevollen Details sehen könnte. Die langen Gänge sind verwaist, es herrscht gedämpfte Ruhe. Nicht, weil so wenige hier Schutz suchen würden – das Haus ist meistens voll belegt. Die Frauen, die hier wohnen, verhalten sich ruhig, machen sich unsichtbar. Erst mit der Zeit sehe ich, wie viele es eigentlich sind. Manchmal huscht eine Frau in Hausschuhen über den Flur oder ein Kind. Einmal sitzen mehrere Kinder auf einem Sofa, doch auch sie geben keinen Laut von sich, lachen nicht, juchzen nicht. Sie verhalten sich mucksmäuschenstill, ihre ernsten Mienen sind wie versteinert. »Eingefroren« nennen die Mitarbeiterinnen es, wenn die Frauen oder ihre Kinder keinerlei Gefühlsregungen mehr nach außen dringen lassen, keine Mimik zeigen, keine Gestik, keine Emotion. Vor allem in den ersten Tagen und Wochen im Frauenhaus, bei den Neuzugängen, ließe sich das beobachten, sagen sie.

Und noch etwas trägt zu der unheimlichen Atmosphäre bei. Draußen hängen überall Kameras, die die Straße vor, hinter und neben dem Haus sichern. Durch die Türen, auch im Inneren, kommt man nur mit einem Transponder, wie im Hochsicherheitstrakt eines Gefängnisses. An zentralen Stellen in den Fluren hängen Zettel mit großer roter Schrift: »Verhalten bei Gefahr vor dem Tor«. Diesen Notfallplan können wahrscheinlich alle Frauen auswendig. Wie bei einem Raketenangriff müssen bestimmte Schritte bei Gefahr befolgt werden: »1. Polizei rufen – 110! 2. Telefonfrau informieren und Flutlicht einschalten. 3. Kinder sichern!

Alle ins Haus, weg von den Fenstern, Fenster und Türen schließen, Gardinen und Rollläden zu, Kinder beschäftigen/beruhigen. 4. Andere Bewohnerinnen informieren und anrufen. 5. Bereitschaftsdienst informieren. Niemals ans Tor gehen!!!!!! Ruhe bewahren!« Die Kameras erinnern die Frauen jeden Tag daran, dass sie zwar an einem sicheren Ort Zuflucht gefunden haben, sich aber niemals wirklich sicher fühlen können, niemals einfach frei sind. Sie leben hier in ständiger Angst und Bedrohung, manche von ihnen mehr als ein Jahr, mit ihren Kindern.

Das Frauenhaus ist kein Ort, es ist ein Unort. »Uns dürfte es doch eigentlich überhaupt gar nicht geben«, sagt die Leiterin des Frauenhauses. Dass es Frauenhäuser doch gibt und geben muss, ist an sich schon ein Triumph für das Patriarchat. Bereits der Name stellt die Verhältnisse klar: Hier die Welt der Männer in der Öffentlichkeit, wo man sich frei bewegen kann. Und da ein »Frauenhaus«, ein Haus für Frauen, versteckt, privat, unsichtbar. Diejenigen, die es hierhin verschlägt, können am sozialen Miteinander nicht mehr teilhaben. Aus der Öffentlichkeit sind sie für eine lange Zeit verdrängt. Und doch gibt es zu wenige Frauenhäuser: In Berlin sind es gerade einmal sieben für eine Bevölkerung von fast vier Millionen Menschen.

Das Frauenhaus dürfte es auch deshalb nicht geben, weil eigentlich der gewalttätige Partner die gemeinsame Wohnung verlassen muss. Das Gewaltschutzgesetz regelt dies unter den sperrigen Begriffen »Gewaltschutzanordnung« und »Wegweisung«. Die Polizei bringt aber lieber Frauen und Kinder weg. »So werden Frauen pathologisiert«, sagt die Psychologin des Frauenhauses. »Sie sind dann diejenigen, um die sich der Staat kümmern muss, die komisch angesehen werden und sich ständig für ihre Situation rechtfertigen müssen.« Das sei genau falsch herum, denn sie sind ja gar nicht gewalttätig.

Schon immer gab es Orte, an denen Frauen Schutz vor gewalttätigen Männern suchen konnten, Klöster und Tempel, zum Beispiel. Dass aber Schutzorte eigens für Opfer genderspezifischer Gewalt geschaffen wurden, ist eine noch vergleichsweise junge Entwicklung. In Deutschland eröffnete das erste Frauenhaus im Jahr 1976 in Westberlin. Das Bewusstsein dafür, dass Frauen von patriarchaler, struktureller Gewalt betroffen sind und spezielle Schutzräume brauchen, musste also erst durch die Frauenbewegung erkämpft werden.

Mehr als zwanzig Jahre später werden Frauenhäuser gebraucht wie nie: 40 000 Frauen fliehen Mitte der 1990er-Jahre jährlich vor ihren gewalttätigen Partnern, wie die Humanistische Union im Grundrechte-Report damals anlässlich des 1997 neu beschlossenen Gesetzes zur Strafbarkeit von Vergewaltigung in der Ehe herausstellt. Weitere zwanzig Jahre später hat sich die Lage nicht entspannt, sondern zugespitzt: »In mehreren Bundesländern sind seit Wochen keine freien Frauenhausplätze zu bekommen. Betroffene Frauen sind verzweifelt auf der Suche nach einem Schutzplatz. Faktisch herrscht vielerorts Aufnahmestopp«, appelliert die bundesweite Frauenhauskoordinierung 2017 an die Bundestagsfraktionen und die Gleichstellungs- und Frauenministerkonferenz. In regelmäßigen Abständen erfolgen dieselben Appelle mit den immer gleichen Inhalten, wie hier kurz vor Beginn der Corona-Pandemie 2020: »Einen Rechtsanspruch auf einen Platz in einem Frauenhaus gibt es bislang ebenso wenig wie eine einheitliche Finanzierung der Frauenhäuser. Bereits eine bundesweite Bestandsaufnahme aus dem Jahr 2012 machte deutlich, dass aufgrund von Kapazitätsengpässen nicht alle gewaltbetroffenen

Frauen zeitnah Schutz und Hilfe erhalten können.« An der Lage der Frauen scheint sich seit der Entstehung von Frauenhäusern vor fast einem halben Jahrhundert kaum etwas geändert zu haben: Heute fehlen in Deutschland immer noch 15 000 Betten, es gibt in rund 400 Frauenhäusern und 40 Schutzwohnungen etwas mehr als 6000 Plätze. In keinem Bundesland sind Schutzhäuser nicht völlig überlastet. Die Hälfte der Frauen ist unter 32 Jahre alt.

Nicht nur der rechtliche Anspruch, auch die finanzielle Lage ist prekär. Frauenhäuser finanzieren sich überwiegend durch Spenden, Fördergelder, durch Länder und Kommunen als »freiwillige Leistung für den Kulturbereich« – oder die Frauen zahlen selbst. Gewalt gegen Frauen ist Privatsache, so scheinbar immer noch die Idee. Erst 2021 bewegt sich etwas, weil die dramatischen Zahlen der Pandemie nicht mehr einfach ignoriert werden können. Schutzhäuser werden als »systemrelevant« erkannt. Die Istanbul-Konvention des Europarats zur Bekämpfung geschlechtsspezifischer Gewalt gegen Frauen und Mädchen, zu diesem Zeitpunkt zehn Jahre alt und seit 2018 geltendes Recht in Deutschland, soll nun endlich vollständig umgesetzt werden. Das bedeutet: Adäquate Schutzmaßnahmen für Frauen müssen ergriffen und finanziert werden. Denn solange Frauen keinen rechtlichen Anspruch auf Schutz haben, sind sie auf Almosen angewiesen.

Mitte 2022 fordert Justizminister Marco Buschmann, nach mehr als zwei Jahren Pandemie, in denen die Presseberichte über Gewalt gegen Frauen nicht abreißen wollten, dass solche Gewaltformen künftig strenger bestraft werden sollen. So, wie es strafverschärfend wirkt, wenn Täter aus rassistischen oder antisemitischen Motiven handeln, könnten bald auch »geschlechtsspezifische« und »gegen die sexuelle Orientierung gerichtete« Beweggründe in das Gesetz aufgenommen werden. »Wir senden damit auch ein

Signal in die Gesellschaft: Wer aus männlichem Besitzdenken Frauen angreift, handelt unserer Werteordnung in besonders eklatanter Weise zuwider«, hat die Politik immerhin erkannt. Denn »jeden Tag erfahren Frauen Gewalt durch Männer – einfach nur, weil sie frei und selbstbestimmt leben wollen. Jeden Tag werden Frauen verletzt, traumatisiert oder sogar getötet – weil sie sich männlichem Herrschaftswahn widersetzen«, so Buschmann. Allerdings ist der Weg bis zu einer Verurteilung der Täter ein weiter, wie betroffene Frauen, Mitarbeiterinnen von Frauenhäusern und Hilfstelefonen, Ärzt:innen, Psycholog:innen und Anwält:innen wissen. Deshalb ist eine gesicherte Finanzierung von Einrichtungen für Betroffene unbedingt notwendig.

Deutschland ist dabei kein Einzelfall, in ganz Europa stehen Schutzorte für Frauen und ihre Kinder auf unsicheren Beinen. Von 46 Ländern erfüllen nur 9 die Mindeststandards der Istanbul-Konvention, zum Beispiel, dass pro 10 000 Einwohner:innen 2 Betten bereitstehen müssen, für eine Frau und ihr Kind. Oder dass diejenigen, die das Haus betreiben, sich mit dem Thema »Gewalt gegen Frauen« auskennen und speziell geschult sein müssen. Belgien, Dänemark, Luxemburg, Malta, Slowenien, Schweden, Norwegen, Liechtenstein und Nordirland erfüllen diesen Mindeststandard, kleine Länder mit kleinen Bevölkerungen. Für den allergrößten Teil Europas mit fast 845 Millionen Menschen gilt der Mindeststandard nicht. Es existieren insgesamt 2100 Frauenhäuser mit knapp 38 000 Betten. Das heißt, es fehlen mehr Plätze, als es Plätze gibt – rund 55 Prozent, wie der Country Report 2021 der Frauenorganisation Women Against Violence Europe offenbart.

In Österreich ist es besonders prekär für Frauen, die von Gewalt durch ihre Partner oder Exmänner betroffen sind. Es ist das einzige Land der EU, in dem mehr Frauen als Männer ermordet werden. Für eine Bevölkerung von 9 Millionen Menschen gibt es 29 Frauenhäuser. Deshalb soll das zentraleuropäische Land sich jetzt ein Beispiel an anderen Ländern nehmen, wie *Der Standard* schreibt: an Rumänien, das EU-Hilfen dafür aufwendet, flächendeckend Frauenhäuser, Selbsthilfegruppen und Beratungsstellen einzuführen. Oder an Finnland, wo eine spezielle Datenbank für Tötungsdelikte Alarmzeichen und Muster von Gewalt besser erkennbar machen soll. Oder an Kroatien, das mit Kampagnen in Schulen Jungen und junge Männer für das Thema sensibilisieren will.

Dass es etwas bringt, wenn Behörden das Thema »Gewalt gegen Frauen« ernst nehmen und aktiv gegensteuern, zeigt sich in Ländern wie Spanien oder Frankreich. In Spanien ist schon seit 2007 eine Software im Einsatz, die Hochrisikofälle analysiert, also vorhersagt, wie wahrscheinlich Partner in einer Beziehung wiederholt gewalttätig werden. So kann die Polizei schnell mit geeigneten Maßnahmen reagieren. Während in Deutschland über 20 Prozent aller Frauen ab 15 Jahren schon einmal vom Partner sexuell oder anders körperlich misshandelt wurden, sind es in Spanien halb so viele. Psychische Gewalt durch den Partner erlebt in Deutschland jede zweite Frau, in Spanien jede dritte. Dass die Zahlen dort niedriger ausfallen, liegt daran, dass in den letzten 25 Jahren ein System ausgebaut wurde, das Betroffene schützt, ist man sich in Spanien sicher: »Das fängt bei Vorträgen in der Schule an, in denen junge Leute lernen, dass zu einer gesunden Beziehung nicht Kontrolle und Eifersucht gehören, sondern Vertrauen und Respekt. Und ja, auch so mancher Deutsche braucht diesbezüglich Nachhilfe. Spanien hatte längst ein landesweites Hilfetelefon für Opfer häuslicher Gewalt, als die Bundesrepublik 2007 den Entschluss fasste, eines einzurichten. Und schließlich schlüsselt Spanien Mordfälle längst nach Geschlecht und der Beziehung zwischen Täter und Opfer auf, führt akribische Statistiken und veröffentlicht sie regelmäßig. Deutschland hat vor drei Jahren zaghaft damit begonnen.«

Auch das Beispiel Frankreich zeigt, wie schnell Maßnahmen gegen Partnerschaftsgewalt an Frauen Wirkung zeigen. Die Regierung ordnete 2019 an, Anzeigen wegen häuslicher Gewalt direkt nachzuverfolgen. »Anders als vorher, fahren die Polizisten jetzt sofort raus, wenn eine Frau den Notruf wählt. Und meist wird der gewalttätige Partner oder Expartner auch in Gewahrsam genommen«, erläutert Ernestine Rouai die irritierend einfache Strategie. Sie leitet im Pariser Vorort Saint-Denis eine sogenannte Beobachtungsstelle für Gewalt gegen Frauen und kann sich noch daran erinnern, wie Frauen am Notruftelefon »einfach abgewimmelt wurden«. Im Jahr 2020 sank die Zahl der Femizide in Frankreich von 146 auf 90, so wenige wie zuletzt im Jahr 2006, als die Zahl zum ersten Mal erhoben wurde.

Zusammen mit elektronischen Hand- und Fußfesseln scheint die konsequente Strafverfolgung durch die Polizei tatsächlich ein wirkungsvolles Mittel zu sein, um Frauenmorde zu verhindern. Französische Aktivist:innen fordern, dass Präsident Macron eine Milliarde Euro statt der derzeit 360 Millionen Euro für die Bekämpfung von Gewalt gegen Frauen bereitstellt, zum Beispiel für Frauenhäuser. Die Mittel der Deutschen Bundesregierung für den Schutz von Frauen vor Gewalt beliefen sich laut Deutschem Bundestag 2019 auf 6 Millionen Euro, also sechzig Mal weniger, als Frankreich aufwendet. 2020 waren es 35 Millionen. Bis 2022 sollen es 100 Millionen Euro sein – wegen der Istanbul-Konvention. In einem Land, in dem 15 Millionen mehr Menschen leben als in Frankreich.

Im ersten Staatenbericht zur Umsetzung der Istanbul-Konvention, den Deutschland erst 2020 im Europarat einreichte, sind die Ausgaben etwas höher, dafür aber auf Bundes- und Landesebene zusammengerechnet: 33 Millionen im Jahr 2019, 92 Millionen für 2020. Auf der Seite des Berichts vom Bundesministerium für Familie, Senioren, Frauen und Jugend stößt man unter »weitere Informationen« als Erstes auf diesen Link: »Aktion gegen Gewalt an Frauen startet in 15 Einkaufszentren«. Hier wird darüber informiert, dass Frauen »künftig in 15 deutschen Einkaufszentren durch Plakatierungen auf Hilfsangebote aufmerksam gemacht« werden. Das steht exemplarisch dafür, wo sich Deutschland im Kampf gegen Gewalt gegen Frauen befindet und wie die Politik die Lage einschätzt: Wo lassen sich Frauen erreichen? Im Einkaufszentrum. Die meisten davon sind nicht einmal Supermärkte, sondern Shoppingmalls. Welche Maßnahmen brauchen wir für effektiven Schutz? Plakate, die über Hilfsangebote informieren. Wie viele Einkaufszentren reichen, um alle gewaltbetroffenen Frauen abzudecken? 15, in ganz Deutschland.

Vor diesem Hintergrund liest sich die Begründung für die Aktion fast schon zynisch: »Für viele Frauen ist in der Corona-Krise nicht einmal das eigene Zuhause ein sicherer Ort, da sie dort von Gewalt betroffen sind. So stieg beispielsweise in Berlin die Zahl der häuslichen Gewalttaten im Juni 2020 um 30 Prozent gegenüber 2019, wie aus Erhebungen der Gewaltschutzambulanz der Charité hervorgeht. Zudem ist zu befürchten, dass die Dunkelziffer noch weitaus höher ist als die offiziell gemeldeten Fälle.«

Wer in ein Frauenhaus flüchtet, muss von einem auf den anderen Tag alles aufgeben. Ob Kita, Schule, Job oder Ausbildung, der Expartner könnte dort überall auftauchen. Viele Frauen stehen nach so einer Flucht also erst einmal vor dem existenziellen Nichts. Sie müssen bei null anfangen: Wohnung suchen, Anträge ausfüllen, Ämter abklappern, Gerichtsprozesse führen, mit Anwält:innen kommunizieren, Arztbesuche organisieren, ein eigenes Bankkonto beantragen, Wohnberechtigungsschein besorgen, Schufa-Auskunft einholen und daneben einkaufen, sauber machen, die Kinder rund um die Uhr versorgen und nicht zuletzt die traumatischen Erfahrungen verarbeiten.

Oft sind die Frauen schon vorher vollkommen isoliert, haben kein Netzwerk, auf das sie zurückgreifen können. Nach der Flucht ins Frauenhaus kommt noch das soziale Stigma hinzu. »Es gibt Frauen in Deutschland, die sind in einem Maß einsam, wie wir uns das gar nicht vorstellen können«, sagt Bora-Geschäftsführerin Claudia Cohn. Die Zeit im Frauenhaus bedeutet für sie den absoluten gesellschaftlichen Stillstand, es gibt kein Vor und kein Zurück, im Schnitt für ein ganzes Jahr.

Eine junge Zwangsprostituierte vom Balkan ist hier mit ihrem Sohn, elf Jahre alt. Er war Zeuge der regelmäßigen Vergewaltigungen seiner Mutter durch den Zuhälter. Ob dem Kind das selbst auch widerfuhr, ist unbekannt – das Thema ist zu schwierig und das Kind zu traumatisiert, als dass es darüber sprechen könnte.

Eine Frau aus einem subsaharischen afrikanischen Land ist hier mit ihrem fünfjährigen Sohn. Er spricht nicht, die Mutter kaum, ihre Gesichter sind vollkommen unbewegt, »eingefroren«. »Die beiden sind dissoziiert. Das passiert, wenn man so schlimme Dinge erlebt, dass sich die Erinnerung daran vom Rest des Gedächtnisses abspaltet«, erklärt mir die Psychologin. »Sie wurden orientierungslos auf der Straße gefunden und hierhergebracht. Davor waren beide wohl für ein halbes Jahr in einem fensterlosen Raum gefangen. Die Mutter wurde wahrscheinlich vergewaltigt und gefoltert, das Kind war die ganze Zeit dabei. Aber bisher lässt sich ihre Geschichte nicht richtig rekonstruieren.« So ein Fall übersteigt die Kompetenzen und Kapazitäten im Frauenhaus. Was mit Mutter und Kind passieren wird, ist ungewiss.

Eine Frau ist hier, die vor einem Neonazinetzwerk in Sachsen geflohen ist. Einer der Neonazis war ihr Mann. Er und seine Familie haben sie jahrelang terrorisiert, weil sie eine Migrationsbiografie hat. Ihr kleines Kind hat sie vor mehr als einem Jahr in ihr Herkunftsland gebracht und dort versteckt, damit die Neonazifamilie ihm nichts antut. Seitdem hat sie ihr Kind nicht mehr gesehen.

Es gibt extreme Geschichten wie diese. Geschichten, die an die Ränder der Gesellschaft führen. Aber es gibt auch die anderen Fälle, die aus der Mitte der Gesellschaft kommen, mit ganz normalen Jobs, aus unspektakulären Lebensumständen. Es sind Geschichten von Frauen, die nicht mittellos waren, sondern als Akademikerinnen Erfolg hatten oder als Altenpflegerinnen in Vollzeit arbeiteten. So wie die Pädagogin, die große Pläne hatte, bevor sie im Frauenhaus landete. Ihr Traum war es, mit einer neuen Erziehung die Welt zu verändern, damit Kinder schon früh lernen, wie sie Emotionen ausdrücken und mit Empathie, Teamfähigkeit und konstruktiven Ansätzen Probleme lösen können.

Stattdessen sitzt sie nun hier im Frauenhaus fest. Oder so wie Katja Seibel, die sich eine Zukunft in Deutschland aufbauen wollte und jahrelang davon abgehalten wurde. Oder so wie Johanna Bardun, die zwar nicht ins Frauenhaus flüchtete, ihr Potenzial aber für lange Zeit auf Eis legen musste und so ihre wissenschaftliche Karriere nicht verfolgen konnte.

Auch wenn die Geschichten ganz unterschiedlich sind, eines eint die Frauen, die Gewalt erleben: Sie alle haben keine Träume mehr. »Unsere Klientinnen haben aufgehört, über ihre Zukunft und Träume nachzudenken – darauf haben sie keinen Zugriff mehr und geben diese deshalb auf. Sie träumen nur noch von den Basics: eigene Wohnung, Job, die Kinder versorgt und in Schule und Kita«, erklärt eine Sozialarbeiterin. Und eine der Frauen, mit denen ich spreche, sagt es dann genau so: »Ich konnte mir früher nie vorstellen, ein normales Leben zu führen. Ich hatte so große Pläne, so viele Ideen. Jetzt sehne ich mich nach nichts mehr als nach einem normalen Leben.« Seit einem halben Jahr lebt die Vierzigjährige mit ihrer kleinen Tochter hier. Sie ist die Pädagogin, die die Welt verändern wollte. Aber an Arbeiten ist nicht zu denken.

Der Wandel der letzten Jahre lässt sich hier, an diesem extremen Ort des Patriarchats, nachvollziehen. Frauenhäuser erzählen auf ihre eigene Weise vom feministischen Paradox, denn einerseits sind sie ein Ort des Empowerments für Frauen, die nirgendwo anders hinkönnen. Dass es sie gibt, ist dem feministischen Fortschritt zu verdanken. Andererseits sind Frauenhäuser aber auch der Ort, an dem die drastischsten Gewaltfälle landen. Frauenhäuser sind damit auch ein Gradmesser für gesellschaftliche Veränderungen: Von den extremen Rändern lässt sich die Mitte verstehen.

Die Spannung zwischen dem Aufstieg der Frauen und dem Widerstand dagegen spiegelt sich hier wider. An den Geschichten sehen wir, wie Gleichberechtigung im Schlafzimmer rückgängig gemacht wird, und können ablesen, wie es um die weiblichen Freiheitsrechte bestellt ist. Zum Beispiel gibt es immer weniger Gesichtsverletzungen und stattdessen mehr »unsichtbare« Verletzungen, wie Frauenhaus-Leiterin Juliane W. beobachtet. Das sagt etwas über die Akzeptanz von Partnerschaftsgewalt aus: Sie muss unsichtbar werden, verlagert sich, weil sie draußen nicht mehr toleriert ist. Männer suchen sich eher Stellen am Körper einer Frau aus, an denen man die Gewalteinwirkung nicht sieht, weil sie von Kleidung bedeckt sind. Oder sie bedienen sich Methoden, die keine »sichtbaren« Spuren hinterlassen. Sie üben mehr psychische und ökonomische Gewalt aus, verletzen Frauen öfter mit Worten, üben Kontrolle durch Zwang oder mit Geld aus – statt mit roher körperlicher Gewalt.

Darin kann man eine positive Entwicklung sehen, denn je heimlicher Gewalt stattfinden muss, desto mehr Aufwand müssen die Täter treiben, um nicht entdeckt zu werden. Sie müssen sich vor der Öffentlichkeit immer mehr verstecken, die Frauen hingegen immer weniger. Doch die Effekte auf die betroffenen Frauen sind nicht weniger gravierend, sie haben nicht weniger Angst, nur weil man ihnen die Gewalterfahrung nicht mehr sofort ansieht. Hinzu kommt: »Vor Gericht macht es die Sache für Betroffene viel schwieriger, denn Gewalt, die man nicht sieht, wird auch nicht anerkannt«, gibt Juliane W. zu bedenken.

Ein weiterer Wandel der letzten Jahre ist, dass Frauen viel seltener zu ihren Partnern zurückkehren. Das beobachten die Mitarbeiterinnen im Frauenhaus mit großer Erleichterung. Denn für Sozialarbeiterinnen, Pädagoginnen und Psychologinnen ist es immer wieder sehr belastend, wenn sie zusehen müssen, wie sich eine misshandelte Frau dem Gewalttäter erneut ausliefert. Denn sie kennen ja deren Geschichte ganz genau und wissen, was passieren kann. »Da geht im Kopf ein Film los«, sagt Frauenhaus-Leiterin Leyla A. Sie ist erst Mitte dreißig, arbeitet aber bereits seit 15 Jahren mit gewaltbetroffenen Frauen. Eine Geschichte, die sie nicht mehr loslässt, ist die einer jungen Frau, die zu ihrem Freund zurückkehrte, und damit endete, dass er sie vom Balkon im dritten Stock schubste. Sie hatte sich ans Geländer geklammert, aber den Halt verloren, als er ihr mit voller Wucht ins Gesicht boxte. Sie überlebte. Doch die schweren körperlichen Verletzungen haben bleibende Spuren hinterlassen.

»Früher waren Schutzsuchende manchmal nur übers Wochenende bei uns, bevor sie wieder nach Hause gingen«, erzählt Leyla A., »heute bleiben sie viel länger im Frauenhaus, zum Glück. Aber wir haben dadurch natürlich auch weniger Plätze.« Dass Frauen seltener zu ihren gewalttätigen Männern zurückgehen, sagt also auch etwas über die Akzeptanz von Gewalt auf individueller Ebene aus: Bei den Frauen selbst sinkt die Toleranzschwelle. Selbst die Frauen, die ins Frauenhaus flüchten müssen und damit zu den extremsten Fällen gehören, haben mittlerweile mehr Möglichkeiten, sich Gewalt nicht bieten zu lassen. Aus verschiedenen Gründen: Sie sind weniger abhängig von ihren Partnern. Sie empfinden gewalttätiges Verhalten sich und Kindern gegenüber als falsch. Sie haben das Gefühl, dass sie sich gegen Gewalttäter wehren und aus toxischen Beziehungen befreien können. Sie kennen ihre Rechte. Sie können sich öfter darauf verlassen, dass ihnen geholfen wird.

Und noch ein Wandel lässt sich beobachten, und zwar bei den Männern, wegen denen es Schutzorte für Frauen gibt. Immer mehr von ihnen »importieren« sich Partnerinnen. Im Frauenhaus erklärt man sich dieses Phänomen so: Frauen von hier sind durch Feminismus und immer mehr Rechte seltener dazu bereit, sich bedingungslos männlicher Herrschaft zu unterwerfen. Autoritär eingestellte Männer greifen daher auf Frauen aus anderen Ländern zurück, von denen sie glauben, dass diese sich mehr gefallen lassen. Sie ersetzen »zu emanzipierte« Frauen einfach durch vermeintlich »traditionellere« Frauen. Meist kommen diese Frauen aus Teilen der Welt, in denen die Gesellschaften patriarchaler, die Lebensumstände prekärer und sie damit leichter auszubeuten sind.

Osteuropa und Ostasien sind besonders beliebt. Solche Männer denken, dass die Frauen von dort devoter und dankbarer seien.

In diesem Zusammenhang wird mir von einem besonders krassen Fall berichtet: Als eine junge Frau aus Ostasien ins Frauenhaus flieht, hat sich ihr Mann schon die nächste Frau aus der Region »geholt«. Für kurze Zeit wohnten beide Frauen sogar unter demselben Dach mit ihm: Die erste Frau muss morgens um 9 Uhr das Haus verlassen und darf erst abends ab 18 Uhr wieder zurückkommen. In einem anderen Fall »importierte« sich ein Mitte Sechzigjähriger junge Frauen aus Lateinamerika. Auch er hatte sich bereits mit der nächsten »versorgt«, als seine 28-jährige Exfreundin von ihrer Mutter ins Frauenhaus gebracht wurde. Frauen wie Ware zu behandeln und als eigenen Besitz zu begreifen, war schon immer Teil der patriarchalen Logik. Solche Männer beuten die ökonomische oder soziale Lage aus, in der sich Frauen im Globalen Süden häufiger befinden als Frauen im Globalen Norden.

Frauenhäuser sind nicht nur ein Gradmesser für gesellschaftliche Veränderungen, sondern auch für die Debatte über Gewalt gegen Frauen. An der Art und Weise, wie über Gewalt gegen Frauen gesprochen und informiert wird, ist zu erkennen, dass das Thema weiterhin tabuisiert wird – obwohl es seit einem halben Jahrhundert Frauenhäuser gibt. Schutzorte für Frauen werden hochgradig marginalisiert, und sie sind ständig in ihrer Existenz bedroht, sei es, weil Gelder gestrichen und an der Ausstattung gespart wird. Sei es beim Status, den ein Frauenhaus als Institution bei Polizeibehörden, Jugendämtern, Gerichten oder Politik innehat. Sei es im kollektiven Bewusstsein. Und damit wären wir wieder beim Unort. »Wir verbringen sehr viel Zeit jeden Tag damit, Anträge für Finanzierungen auszufüllen, Dinge zu dokumentieren und Zahlen zu melden«, erklärt Juliane W. Die Finanzierung ist jedes Jahr wieder in Gefahr, nie gibt es die Sicherheit, dass alles einfach weiterläuft. Was die Frauen in ihrem Mikrokosmos an bürokratischen Hürden nehmen müssen, einfach nur, um existieren zu können, spielt sich für die Mitarbeiterinnen also in ähnlicher Weise auf der Makroebene ab.

Gleichzeitig hat das Frauenhaus einen schweren Stand bei anderen Behörden. Ihm wird eine Agenda unterstellt, eine »feministische Ideologie«, so die Mitarbeiterinnen, weil es ausschließlich im Interesse von Frauen handelt. »Im Lockdown waren wir erst als eine der letzten Berufsgruppen überhaupt systemrelevant«, erzählt Juliane W. »Einmal wollten wir, dass die Polizei einen kleinen Hund aus einer Wohnung mitnimmt. Ein gewalttätiger Vater hatte seiner Tochter gedroht, dass er ihren Hund umbringt, wenn sie stört oder redet. Seitdem sprach sie kein Wort mehr. Doch die Beamten zuckten mit den Schultern und verlangten ein psychiatrisches Gutachten, das belegen sollte, dass das Kind deshalb nicht spricht. Den Hund ließen sie da«, berichtet die Psychologin.

Weil die Arbeit des Frauenhauses derart marginalisiert wird und die Mitarbeiterinnen sehr wenig Unterstützung von anderen Institutionen bekommen, sind sie ständig gezwungen, etwas von sich persönlich zu geben: ihre Zeit, ihr Geld oder ihre Hilfe außerhalb der legalen Möglichkeiten. Sie fahren mit den Frauen in ihrer Freizeit ins Krankenhaus oder legen für ein Flugticket zusammen. Sie verrichten eine Menge unsichtbarer und unbezahlter Arbeit, so, wie Frauen in Deutschland in ihren Familien den Mental Load tragen sowie die Hauptlast an unsichtbarer und unbezahlter Carearbeit. Das Frauenhaus ist also in jeder Hinsicht eine Frauendomäne und spiegelt die Umstände weiblicher Arbeit wider. Frauen helfen einander aus privater Initiative und aus Solidarität heraus, während der Staat Almosen verteilt, aber keine verbrieften Rechte. Die patriarchalen Abhängigkeiten und die Machtlosigkeit von Frauen werden auf diese Weise strukturell auf vielen Ebenen reproduziert. »Ich bin immer wieder überrascht, mit wie viel Unwissen Personen aus meinem privaten Umfeld reagieren, wenn ich ihnen zum ersten Mal erzähle, dass ich in einem Frauenhaus arbeite«, berichtet eine Sozialarbeiterin. »Die Leute haben keine Ahnung, was wir hier genau machen, und keine Vorstellung davon, was Frauen in unserer Gesellschaft alles passieren kann, in ihrem eigenen Zuhause.« Auch auf Ämter treffe das zu, manchmal schicke das Gesundheitsamt zum Beispiel einfach Frauen bei ihnen vorbei. Es nennt ihnen direkt die Adresse – die eigentlich unter allen Umständen geheim bleiben soll.

Dieses Unwissen wird nicht zuletzt durch eine Sprache aufrechterhalten, die mehr versteckt, als sie preisgibt. Schon der Begriff »häusliche Gewalt« kaschiert, was genau darunter zu verstehen ist. »Die Gewalt ist ja an sich nicht ›häuslich‹, sondern ›männlich‹«, gibt eine Mitarbeiterin zu bedenken. Und sie hat recht: Vergleicht man die juristische Sprache mit den Sprachregelungen der Presse, fällt auf, wie verklausuliert häufig um die Tatsache herumlaviert wird, dass diese Gewalt männlich ist. Zum Beispiel durch die typischen Passivkonstruktionen von Sensationsmeldungen: »Frau von Axt erschlagen«, »Frau von Messerstichen getötet«, »Frau vom Balkon geschubst«. Die Frau ist das Subjekt, die Handlung wird von Gegenständen vollzogen, der Handelnde bleibt eine Leerstelle.

Kommt man um das männliche Subjekt der Handlung nicht mehr herum, wie im Fall von Ex-*Bild*-Chef Julian Reichelt, der seine Machtposition missbraucht hatte, um Frauen sexuell auszubeuten und zu mobben, dann wird bei der Handlung abstrahiert: »Compliance Verfahren« nannte *Bild* die Untersuchung zu Reichelts sexuellen Übergriffen, andere Medien verbreiteten den Begriff weiter. Vorstellen konnte man sich darunter wenig, und darum ging es auch. Reichelt musste der Logik folgend auch erst gehen, als die Geschichte im Detail ans Licht kam – und die Verstöße gegen die »Compliance« als sexuelle Übergriffe sichtbar wurden.

Dass das Frauenhaus und mit ihm das ganze Thema »Gewalt gegen Frauen« gesellschaftlich so wenig Beachtung findet, hängt aber nicht nur mit dem alten patriarchalen Tabu des Schweigens über Gewalt zusammen, sondern auch mit der Spannung zwischen faktischem Patriarchat und diskursiver Überwindung. Wir meinen, wir seien bereits gleichberechtigt, weil wir es sein sollten. Dafür spricht, dass es für viele Menschen vollkommen unvorstellbar ist, wie viel Gewalt Frauen und Kindern von Männern angetan wird. Denn eigentlich sind wir ja gleichgestellt und haben verbriefte Grundrechte. Gewalt ist gesellschaftlich immer verpönter und selbst in Verteidigungs- oder Nothilfelagen umstritten, wie die Debatte um Waffenlieferungen an die Ukraine zeigt. Ein gewaltfreies Leben ist eine Selbstverständlichkeit, nehmen wir an. Doch genau diese Annahme ist gefährlich. »Emanzipation muss täglich neu erarbeitet, erstritten und verhandelt werden«, so ist am Ende des Films *Die Unbeugsamen* über die ersten Politikerinnen in Deutschland zu lesen. Und: »Wenn wir heute nichts tun, dann leben wir morgen wie vorgestern«, das galt 1988, und es gilt heute noch.

Gewalt gegen Frauen betritt die politische Bühne

Das Private ist politisch. Mit diesem Slogan brachten Frauenrechtler:innen der Zweiten feministischen Welle in den 1970er-Jahren »Familienangelegenheiten« auf die politische Agenda. Seitdem wurden viele Sachverhalte, die früher streng als Privatsache galten, aus den Schlafzimmern geholt und öffentlich diskutiert.

Noch 1987 vertrat der Generalstaatsanwalt Hans-Joachim Ulrich die Meinung: »Das Intimleben von Eheleuten ist für den Staat tabu.« Übersetzt hieß das, wie der CDU-Bundestagsabgeordnete Wolfgang von Stetten 1995 ausführte: »Die Ehe ist eine Geschlechtsgemeinschaft und verpflichtet grundsätzlich zum ehelichen Verkehr. Die Verweigerung von Anfang an ist unter Umständen Aufhebungsgrund, die spätere Verweigerung Scheidungsgrund. Zum ehelichen Leben gehört auch, die Unlust des Partners zu überwinden. Der Ehemann ist nicht darauf aus, ein Verbrechen zu begehen – manche Männer sind einfach rabiater.« Historisch waren verheiratete Frauen im Sexualstrafrecht also lange schlechter gestellt als unverheiratete.

Erst im Jahr 1997 stimmte der Bundestag dafür, dass Vergewaltigung in der Ehe in Deutschland als Verbrechen zu behandeln sei.

Damals stimmten 138 Abgeordnete, die allermeisten von ihnen männlich und aus der schwarz-gelben Regierungskoalition, gegen das Gesetz, unter ihnen Horst Seehofer und Friedrich Merz. In Italien ist die eheliche Vergewaltigung seit 1976 strafbar, in Jugoslawien seit 1977, in Österreich seit 1989, in Spanien seit 1992, in Finnland und Frankreich seit 1994, in Griechenland seit 2006. Im selben Jahr tritt in Frankreich der Zusatz in Kraft, dass es sogar als besonders schwerer Fall gewichtet wird, wenn eine Frau von ihrem eigenen Partner vergewaltigt wird. Italien zieht 2013 mit diesem Zusatz nach.

In Europa ist die Lage für Frauen, wenn es um Vergewaltigungen geht, allerdings heute immer noch ziemlich unsicher, unabhängig davon, ob sie verheiratet sind oder nicht. Laut Amnesty International wird Vergewaltigung nur in 9 von 31 Ländern als »Sex ohne Einwilligung« definiert, in Irland, Großbritannien, Belgien, Zypern, Deutschland, Island, Luxemburg, Schweden und Dänemark. In allen anderen europäischen Ländern muss Gewalt, Gewaltandrohung oder Nötigung stattgefunden haben, damit der Straftatbestand der Vergewaltigung erfüllt ist – was in wenigen Fällen zutrifft.

Die Gleichberechtigung zwischen Mann und Frau ist seit 1949 im deutschen Grundgesetz verankert. Doch auch nach 1949 herrschte in der Bundesrepublik das patriarchale Ehe- und Familienverständnis des Bürgerlichen Gesetzbuchs von 1896 vor, was bedeutete: Der Mann ist das Oberhaupt der Familie, der in letzter Instanz die Entscheidungen über die Familie trifft. Die Ehefrau ist dazu verpflichtet, sich um den Haushalt und die Kinder zu kümmern. Egal, was im Grundgesetz steht, so schnell ändern sich die Dinge nicht. Erst 1957 beschloss der Deutsche Bundestag das »Gesetz über die Gleichberechtigung von Mann und Frau auf dem

Gebiet des bürgerlichen Rechts«, das sogenannte Gleichberechtigungsgesetz. Deshalb konnte der Ehemann bis 1958 darüber entscheiden, ob seine Ehefrau arbeiten gehen durfte. Er konnte ihr Arbeitsverhältnis auch kündigen. In Westdeutschland durften Frauen noch bis weit in die 1970er-Jahre hinein nur dann berufstätig sein, wenn »dies mit ihren Pflichten in Ehe und Familie vereinbar ist«. Die sogenannte Hausfrauenehe wurde 1977 abgeschafft. Ein Jahr zuvor wurde eingeführt, dass auch der Nachname der Frau als Familienname gewählt werden kann. Und noch eine wichtige Männerdomäne fiel den feministischen Kämpfen der Zweiten Welle zum Opfer: 1970 wird das Fußballverbot für Frauen aufgehoben.

Dieser Wandel der Machtverhältnisse, vor allem, wenn es um den Körper geht, ist tatsächlich ziemlich neu in Deutschland. Die Vergewaltigung in der Ehe wurde erst Ende der 1990er-Jahre gesetzlich verboten, Abtreibungen sind bis heute kriminalisiert. Dass sich Ministerien und Polizeibehörden für Gewalt in Beziehungen interessieren und spezifische Daten erheben, ist eine Entwicklung der letzten Jahre, die mit kleinen Schritten vorangeht. Doch manchen geht schon das zu weit. Sie holen sich die Kontrolle wieder, weil sich die Norm geändert hat, die juristische Bewertung dessen, was eine Straftat ist, genauso wie die gesellschaftliche Akzeptanz von Gewalt gegen Frauen.

Früher war es die Norm, dass Frauen mit Kindern keiner (vollen) Erwerbstätigkeit nachgingen, auch nicht, wenn die Kinder größer wurden. Heute müssen sie mit Gewalt dazu gezwungen werden, zu Hause zu bleiben, wie die Geschichte von Frau F. mit den Türschlössern zeigt. Früher war es die Norm, dass Frauen kein eigenes Geld hatten. Heute muss ihnen mit Gewalt die Hoheit über ihr Konto und Einkommen genommen werden, so, wie die

Männer von Johanna Bardun und Katja Seibel es taten. Früher war es die Norm, dass sich Frauen sexuelle Übergriffe in der Ehe gefallen lassen mussten. Heute müssen sie mit Gewalt zu ungewollten sexuellen Handlungen gezwungen werden, so, wie Paul Johanna vergewaltigte. »Gewalt« ist hier im juristischen Sinne gemeint, denn natürlich waren Vergewaltigungen von Ehemännern auch schon vor 1997 gewalttätig und eben genau das: Vergewaltigungen.

Durch diese Veränderungen hat sich der männliche Herrschaftsbereich, der in der Öffentlichkeit immer kleiner geworden ist, weit hinein ins Private verlagert. Die Manipulation von Wahrnehmung und Gefühlen hat aus diesem Grund als Gewaltmethode an Bedeutung gewonnen. Selbst hinter verschlossenen Türen können Frauen nicht mehr ohne Weiteres zu Dingen gezwungen werden, die sie nicht wollen. Sie müssen davon überzeugt werden, Freiheiten aufzugeben oder ihre Meinung für sich zu behalten. Sie müssen in ihre Unterdrückung einwilligen. Auch ursprünglich selbstbewusste Frauen wie Johanna Bardun oder Katja Seibel wurden von ihren Männern nicht einfach gefügig geprügelt. Eher gerieten sie nach und nach in eine Position hinein, die für sie irgendwann unerträglich wurde.

Weil Männer früher die Norm waren, kam Männlichkeit gar nicht als Thema oder identitätspolitisches Merkmal auf. Heute müssen sich Männer Gedanken über ihre Männlichkeit machen. Und sie müssen die Entscheidungen von Frauen beeinflussen, wenn sie noch herrschen wollen, ganz einfach, weil diese auch anders entscheiden *könnten*. Phänomene wie Maskulinismus und politische Männlichkeit kann es nur in einer Zeit geben, in der man sich auch gegen männliche Herrschaft und Überlegenheit entscheiden kann. Das ist die politische Dimension des Privaten: der Backlash im Schlafzimmer.

Dort jedoch bleibt der Backlash nicht, die Machtverhältnisse werden nicht bloß zu Hause im Stillen wiederhergestellt. Von dort wirkt er in die Gesellschaft hinein. Gerade weil das Private politisch ist, übersetzt sich der Backlash auf die gesellschaftliche und von dort auf die politische Ebene. Und von der politischen Ebene strahlt er wiederum zurück ins heimische Wohnzimmer. So entwickelt sich eine reaktionäre patriarchale Dynamik: eine Backlashspirale.

Wie sich diese Backlashspirale entfaltet, konnten wir in den USA exemplarisch beobachten, als Donald Trump zum Präsidenten gewählt wurde: Indem er selbst als gemeiner Gewalttäter gegenüber Frauen auftrat, holte er die gewöhnlichen Chauvinisten ab, die zu Hause nicht mehr unangefochten der Chef sein durften. Ein gewaltiges Potenzial, wie sich herausstellte: Trump hob die Herabwürdigung von Frauen als Präsident auf die politische Bühne, erst als Methode, die ihn ins höchste Amt beförderte, dann als Programm, wie er es seiner Anhängerschaft im Wahlkampf versprochen hatte. Trump drehte Frauenrechte zurück, wo er nur konnte.

Das wurde möglich, weil die progressiven Strömungen der amerikanischen Gesellschaft viel zu lange an ihre eigenen Erzählungen glaubten und diese für unhintergehbar hielten: Frauenrechte sind *Common Ground* für alle und können nicht mehr angefochten werden. Eine weibliche Präsidentschaftskandidatin hat heute die gleichen Chancen wie ihr männlicher Herausforderer. Ein zwielichtiger Geschäftsmann, der in seiner Freizeit Frauen belästigt, kann nicht Staatsoberhaupt des einflussreichsten Landes der Welt werden. Hier zeigt sich die tiefe Kluft zwischen der diskursiven Überwindung der patriarchalen Ordnung und ihrem faktischen Weiterbestehen in aller Deutlichkeit.

Vor allem der »Locker Room Talk« markiert dabei einen Wendepunkt. Was als privates Gespräch unter Männern – »worüber Männer halt so reden, wenn sie allein in der Umkleidekabine sind« – begann, endete im Weißen Haus. »Grab 'em by the pussy« war genau das, was die Leute als politisches Programm wollten: »Make Männlichkeit great again«. Ein gewöhnlicher Grapscher wurde Präsident und übersetzte Misogynie und Sexismus aus dem Alltag von Millionen von Amerikanern in Politik. Das häusliche Gewalttätertum kam so auf die politische Bühne. Trump selbst wurde immer wieder mit Vergewaltigungsvorwürfen konfrontiert, unter anderem von einer Journalistin des Frauenmagazins *Elle*. Und er installierte Autoritäten im politischen System der USA, die sich ähnlichen Anschuldigungen von Übergriffen ausgesetzt sahen, wie zum Beispiel Brett Kavanaugh als Richter am Supreme Court. Hier sehen wir, wie sich Privates und Politisches immer weiter mischen und gegenseitig durchdringen. Dazu passt, dass Trump über Twitter Politik machte, mehr als Privatperson denn als Präsident, Minister:innen entließ oder politische Entscheidungen fällte und ungefiltert all das in Kurznachrichten hämmerte, was ihm in den Sinn kam.

Seine persönliche Misogynie wurde so zum politischen Programm. Trump schränkte die rechtliche Autonomie von Frauen über den eigenen Körper massiv ein: bei häuslicher Gewalt und sexuellen Übergriffen mit einer Rolle rückwärts um 50 Jahre, wie der *Independent* herausstellte. Außerdem blockierte Trump Fördermittel für Frauengesundheit, zum Beispiel gegen Müttersterblichkeit, Genitalverstümmelung oder Geschlechtskrankheiten. Er schränkte den Zugang zu reproduktiver Medizin ein, erschwerte Abtreibungen, in manchen Bundesstaaten wurden sie im Klima der Trump-Jahre sogar ganz unmöglich. In Texas ist deshalb heute die erste Frau nach einem Schwangerschaftsabbruch wegen Mordes angeklagt. Doch sein politisches Vermächtnis ist noch viel größer als seine Handlungen als Präsident: Erst jetzt, mit der politischen Entscheidungsmacht des Supreme Court, entfaltet sich die volle Durchschlagskraft seiner frauenverachtenden Politik.

Die Vermischung des Privaten und Politischen zeigt sich auch noch auf einer weiteren Ebene. Trump war der erste Politiker, der nicht nur das häusliche Gewalttätertum zum politischen Programm erhob, sondern sich auch gängiger Methoden häuslicher Gewalt bediente. Besonders eine sticht dabei als trumpsche Spezialität hervor: *Gaslighting*. Er etablierte es als wichtigstes Mittel seiner politischen Kommunikation, wie Kritiker:innen schon im Wahlkampf 2016 beobachteten. Mit seinen »Alternative Facts« übernahm er immer weiter die Kontrolle über die Realität der amerikanischen Öffentlichkeit. Indem er Fakten frei gestaltete und die öffentliche Wahrnehmung manipulierte, konnte er dem Diskurs sein Narrativ überstülpen und es kurzerhand zur Wahrheit erklären. Selbst so absurde Behauptungen, wie dass er als Präsident mehr für die Schwarze Community getan habe als irgendeiner seiner Vorgänger seit Abraham Lincoln, oder dass er die Wahl 2020 gegen Joe Biden gewonnen habe, verfingen bei seiner Community.

Die Lüge gehörte natürlich schon immer zum Repertoire von Spitzenpolitiker:innen. Doch *Gaslighting* ist viel komplexer als bloßes Lügen. Es geht darum, Zweifel zu säen, immer und immer wieder die Wirklichkeit infrage zu stellen und dann die Irritation des Gegenübers auszunutzen, um mit alternativen Deutungen aufzuwarten. Bis derjenige, der manipuliert, sein Gegenüber so weit hat, dass er ihm sagen kann, was es fühlt, denkt oder sieht. Im Fall eines Staatsoberhaupts ist das Gegenüber die Öffentlichkeit, die Bevölkerung, die sich mit *Gaslighting* kontrollieren und dominieren lässt.

Gaslighting setze ein Machtungleichgewicht voraus, das durch strukturelle Faktoren wie Gender, Herkunft oder soziale Schicht gegeben sein kann, schreibt Psychologieprofessorin Ramani Durvasula von der California State University in Los Angeles. Da das auch für Staaten gilt, würden besonders totalitäre und autoritäre Regierungen auf *Gaslighting* setzen, um ihre Bürger:innen zum Schweigen zu bringen und zu destabilisieren. Tatsächlich kommt der Begriff »Gaslighting« genau zur Hochzeit totalitärer Systeme auf, was Durvasulas These bestätigt. Zurück geht er auf das Theaterstück *Gas Light* von Patrick Hamilton aus dem Jahr 1938. Darin manipuliert ein Mann seine Ehefrau, bis sie ihren eigenen Sinnen nicht mehr traut. Nachts stellt er Gegenstände im Haus um, damit sie glaubt, verrückt geworden zu sein. Er suggeriert ihr, dass sie sich nicht mehr darauf verlassen kann, was sie sieht oder in Erinnerung hat, nicht einmal ihre Gefühle erscheinen ihr noch zuverlässig. Der einzige Hinweis darauf, dass er nachts sein Unwesen treibt, sind die flackernden Gaslichter.

Es ist kein Zufall, dass wir erst heute und erst mit Trump so intensiv über politisches *Gaslighting* sprechen – und dass wir dabei diesen Begriff verwenden. Als Fachterminus der Psychologie etabliert sich *Gaslighting* erst in den 1960er-Jahren, also genau zur Zeit der Zweiten Welle des Feminismus. Und das ist der entscheidende Punkt: *Gaslighting* als Methode, egal ob zu Hause oder in der politischen Kommunikation, braucht man nur in einer Beziehung, die rechtlich auf Augenhöhe geführt wird. Genau wie in einer Beziehung in Zeiten der Gleichberechtigung ist es für einen autoritären Herrscher in einer Demokratie unumgänglich, die Bevölkerung dazu zu bringen, in die schlechte Behandlung, in autoritäre Maßnahmen einzuwilligen. Nach außen hin wird das Bild vermittelt, dass es sich um ein einvernehmliches und kooperatives Verhältnis handelt, tatsächlich aber ist es ein autoritäres Verhältnis, egal ob persönlich oder politisch. Denn die Bürger:innen eines Staates haben – genau wie Partnerinnen in Beziehungen – eine Wahl.

Laurie Penny schreibt, dass *Gaslighting* schon lange an der politischen Tagesordnung ist: »Der politischen Klasse der Männer ist es seit langem erlaubt, Frauen deren eigene Erfahrungen zu erklären, sei es juristisch oder anderweitig. Die männlich beherrschte Gesellschaft unternimmt ermüdende Verrenkungen, um Frauen einzureden, dass es die von ihnen erfahrene Gewalt gar nicht gegeben habe, ihre Erinnerungen als Hirngespinste darzustellen und ihr Selbstgefühl zu erschüttern.«

Einen Beleg dafür liefert die Abstimmung über Vergewaltigung in der Ehe im Bundestag von 1997: Diejenigen, die gegen die Strafbarkeit votierten, waren mit überwältigender Mehrheit Männer. Erst 2008 wird überhaupt die Notwendigkeit gesehen, das Thema durch den Wissenschaftlichen Dienst des Bundestags aufzuarbeiten, denn »Gewalt gegen Frauen, vor allem im häuslichen Umfeld, steht seit einiger Zeit europaweit im Fokus von Förderprogrammen und Aktionsplänen, sodass dieses Problem inzwischen nicht mehr als ein privates angesehen wird, sondern in die Öffentlichkeit gerückt ist«, so die Begründung. Die Mechanismen von *Gaslighting* erkennt der Wissenschaftliche Dienst damals offensichtlich schon, denn im Bericht steht: »Trotzdem lässt sich feststellen, dass Vergewaltigung in der Ehe gesellschaftlich nicht allgemein als Verbrechen betrachtet wird. Es halten sich weiterhin Vergewaltigungsmythen, die den Opfern eine Mitschuld geben, die Täter entschuldigen oder, entgegen des geltenden Straf- und Zivilrechts, behaupten, Vergewaltigung in der Ehe könne es gar nicht geben, da eine ständige sexuelle Bereitschaft Bestandteil des Ehevertrags sei.«

Auch wenn die Mechanismen des *Gaslighting* als solche bereits erkannt wurden, findet der Begriff in diesem Zusammenhang zunächst noch keine Verwendung. Stattdessen ist von »Vergewaltigungsmythen« die Rede. Oder von »politischer Manipulation« im Fall von George W. Bush und den gefakten Beweisen von Massenvernichtungswaffen im Irak, mit denen der damalige US-Präsident 2003 seinen Angriffskrieg auf das arabische Land in der amerikanischen Öffentlichkeit legitimieren wollte. Oder einfach von »Lügen«. Erst 2008 unternimmt der Psychologe Bryant Welch in seinem Buch *State of Confusion: Political Manipulation and the Assault on the American Mind* einen ersten zaghaften Versuch, Bushs Methoden mit *Gaslighting* in Verbindung zu bringen. Er nimmt genau das religiös-rechtskonservative Milieu ins Visier, in dem später auch die politische Persona Trump gedeihen wird. Doch es vergehen noch ein paar Jahre, bis der Begriff »Gaslighting« sich in der Debatte etabliert – mit Trumps Auftritt auf der politischen Bühne. Nur rückblickend, mit der Brille von heute, können wir frühere Entwicklungen als *Gaslighting* bezeichnen und sie damit ganz anders verstehen als Zeitgenoss:innen.

Es folgt einer gewissen Logik, wenn der erste *weiße* Hetero-cis-Präsident, der Identitätspolitik für eine *weiße* Hetero-cis-Wählerschaft anbietet, zum *Gaslighting* als politischer Methode greift. Denn mit dem ersten Schwarzen Präsidenten Obama und mit der Aussicht auf ein erstes weibliches Staatsoberhaupt Clinton waren die USA so demokratisch wie noch nie, was Macht und Teilhabe für politische Minderheiten betrifft. In so einem Umfeld reicht Lügen ganz einfach nicht mehr aus.

Aber mehr noch: Das heimische Wohnzimmer und die Machtverhältnisse zu Hause sind für die Politik wichtig geworden, als letzte Bastion der männlichen Herrschaft. Auch hier haben sich die Verhältnisse demokratisiert. Was Männer und Frauen in ihren persönlichen Beziehungen verhandeln, wurde in den letzten Jahren immer sichtbarer, das Private immer öffentlicher, Frauen immer wichtiger. Sie haben politisches Gewicht, auch als Privatpersonen.

Laurie Penny schreibt: »*Gaslighting* diente schon lange, bevor es einen Begriff dafür gab, übergriffigen Menschen und Gesellschaften als psychologisches Instrument, um Untergebene auf Linie zu bringen. Das *Gaslighting* sexueller, genderspezifischer und rassistischer Gewalt findet nicht nur im persönlichen Bereich statt, sondern auch auf struktureller Ebene, sobald sich Belege für institutionelle Gewalt auch nur halbwegs plausibel leugnen lassen. Sind die Fakten unleugbar, so ist *Gaslighting* die Strategie der Wahl, um die Opfer zu diskreditieren. Seit etwa zehn Jahren verfügen immer mehr Frauen über die nötige Technologie und Tollkühnheit, ihre Erfahrungen in aller Öffentlichkeit auszutauschen.« Penny spricht hier Entwicklungen auf verschiedenen Ebenen gleichzeitig an. Durch soziale Medien wie Twitter bekommen Frauen eine Stimme und können sich vernetzen. Sie merken, dass ihre persönliche Erfahrung eine Gewalterfahrung ist, und dass sie diese mit anderen Frauen teilen.

Es sind also nicht mehr nur private Erlebnisse einer Einzelperson, sondern kollektive Gewalterfahrungen, die sichtbar werden. Weil sich diese Frauen in der Öffentlichkeit der sozialen Medien austauschen, liegen die Fakten auf dem Tisch, und weil sie so viele sind, können diese auch nicht mehr geleugnet werden. Die Betroffenen stellen Konsens darüber her, wie die Fakten zu interpretieren sind, nämlich als Gewalt. Nicht als »der Weg nach oben geht halt durch das Bett des Produzenten« oder »das war kein Grapschen, sondern Flirten und als Kompliment gemeint« oder »als Ehefrau schuldest du mir Sex, also hab' dich nicht so«. Das heißt, sie haben sich die Deutungshoheit über ihre eigenen Geschichten erobert.

Deshalb hat sich *Gaslighting* als Methode und als Begriff verlagert, nämlich vom privaten Bereich des eigenen Zuhauses über die gesellschaftliche Ebene der Öffentlichkeit bis hinein in die Politik. Wenn die letzte Bastion des Patriarchats, das heimische Schlafzimmer, wo männliche Macht heimlich weiter stattfinden konnte, durch öffentliche Sichtbarkeit zu fallen droht, bleibt nur eines: mit *Gaslighting* die öffentliche Meinung zu beeinflussen und Politik zu machen.

Take Back Control II

Es ist kein Zufall, dass populistische Parteien die politischen Bühnen westlicher Länder mit dem Slogan »Take Back Control« zu einer Zeit erobern, als sexuelle politische Minderheiten immer mehr Rechte erlangen. Es ist kein Zufall, dass diese Parteien überwiegend männlich sind, eine Politik männlicher Privilegien verfolgen und Sexismus und Misogynie als zentrale Stützpfeiler ihrer Ideologien begreifen. Und es ist auch kein Zufall, dass es »starke Männer« sind, die mit oder ohne populistische Parteien im Rücken an die Spitzen von Regierungen drängen, um eine neue autoritäre und antidemokratische Politik umzusetzen. Sie instrumentalisieren sämtliche Krisen als männlichen Kontrollverlust.

Das verfängt, weil sich das Männlichkeitsideal wandelt, weil »Alpha-Männlichkeit« problematisch geworden ist, »toxisch« genannt wird und das Männliche nicht mehr die Norm ist. Männer haben als Männer ihre gesellschaftliche, wirtschaftliche, politische und familiäre Bedeutung verloren. Und mit diesen exklusiven männlichen Rollen waren Privilegien verbunden, die Männer heute noch genießen, die aber mittlerweile eben der Grundlage entbehren. Deshalb fühlt sich der Wandel des Männlichkeitsideals an wie ein Kontrollverlust, denn Kontrolle geht verloren, wenn Männlichkeit nicht mehr an Kontrolle geknüpft sein soll. Gleichzeitig hat jeder Kontrollverlust etwas mit Männlichkeit zu tun, weil Kontrolle und Männlichsein im traditionellen Männerbild so lange miteinander verbunden waren – ein kulturelles Skript, das sich nicht so schnell überwinden lässt.

Wenn an diesem Scheideweg der Geschichte eine Bewegung auf den Plan tritt, die verspricht, männliche Autorität wiederherzustellen, Männer wieder stark und überlegen – »Alpha« – zu machen, ihnen die Kontrolle sowie all die Privilegien unangefochten zurückzugeben, die sie verlieren, weil Frauen immer gleichberechtigter werden, dann wirkt das für manch einen attraktiv. Und genau dieses Angebot unterbreiten rechtsautoritäre Bewegungen all jenen, die sich in ihrer Männlichkeit bedroht und verunsichert fühlen.

Das sehen wir überall um uns herum. Freiheitsrechte werden rückgängig gemacht. Neue Allianzen aus Rechtspopulisten und religiösen Eiferern befinden sich im Aufwind. Und dort, wo sie regieren, arbeiten sie an einer dystopischen Zukunft für Frauen. Die Türkei war eines der ersten Länder, die das Istanbul-Abkommen unterzeichnet hatten – und ist 2021 das erste, das wieder aussteigt, weil Staatspräsident Erdoğan auf diese Weise ultrakonservative und islamistische Kreise hinter sich versammeln kann, um seine innenpolitische Macht zu stärken. Der Staat schützt Frauen in der Türkei seitdem nicht mehr vor männlicher Gewalt. Frauenrechte werden einer Klientelpolitik geopfert. Auch Polen hat angekündigt, der Istanbul-Konvention den Rücken zu kehren. Russland lockerte schon 2017 die Strafen bei häuslicher Gewalt.

Aber auch in westlichen Ländern, die bisher als sattelfeste Demokratien galten, geraten Frauenrechte massiv in Bedrängnis. Es kann auch wieder rückwärtsgehen. Besonders die Abtreibungsgesetzgebung in den USA führt gerade eindrücklich vor Augen, wie die seit einem halben Jahrhundert sicher geglaubten Frauenrechte in kürzester Zeit rückgängig gemacht werden können. In Italien, wo mit den Fratelli d'Italia zum ersten Mal seit dem Zweiten Weltkrieg eine postfaschistische Partei die Regierung führt, bestand eine der ersten Amtshandlungen der italienischen Ministerpräsidentin Giorgia Meloni darin, das »Ministerium für Gleichstellung und Familie« in ein »Ministerium für Familie, Geburtenrate und Gleichstellung« umzuwidmen – und aus Frauenpolitik Geburtenpolitik zu machen.

In Deutschland unterbreitet die AfD verunsicherten Männern ein reaktionäres Angebot. Der Krieg in Syrien und die anschließende Fluchtbewegung der Bevölkerung über das Mittelmeer nach Europa hat sich 2015 als günstige Gelegenheit erwiesen, einen gesellschaftlichen Kontrollverlust herbeizukonstruieren. Bürgerkriegsflüchtende wurden zu »fremden Horden« umgedeutet, ihre Flucht zur »Invasion« und der Feminismus zum »Einfallstor« für »marodierende Banden aus dem arabischen Raum«. Weil der Feminismus unsere westliche Gesellschaft »verweichlicht« und »verweiblicht« habe, sei Deutschland nicht mehr wehrhaft, so die Erzählung der Rechten. Der Beweis: Die Kanzlerin, eine Frau und damit der Beginn des Untergangs des Abendlandes, öffnet einfach die Grenzen und lässt alle hinein. Björn Höcke vom rechten Flügel der AfD wusste, wie gut sich die männliche Angst vor dem Kontrollverlust ausbeuten lässt. Mit Sätzen wie »Wir müssen unsere Männlichkeit wieder entdecken« appellierte er an den deutschen Mann. Es gelte, so die AfD-Rhetorik, Frauen und Kinder vor vergewaltigenden »Messermännern« zu schützen. Dahinter steht die Erzählung vom »Großen Austausch«: Andernfalls würde unsere Bevölkerung einem perfiden jüdischen Plan folgend bald »ausgetauscht«, *Weiße* von Muslim:innen ersetzt.

Die Kölner Silvesternacht kam wie gerufen und wurde von rechten Trollen zu einem Riesenskandal aufgebauscht, der dank der Unterstützung von international operierenden rechten Trollkollegen weit über die Landesgrenzen hinaus Wellen schlug. Deutsche Männer würden endlich wieder gebraucht, um ihr Land zu verteidigen. Bei der nächsten Wahl gaben diejenigen, die sich angesprochen fühlten, der AfD ihre Stimme.

Flankiert wurde dieses rechte Narrativ von populärwissenschaftlichen Publikationen rund um das Thema. Ein Bestseller von 2017 aus dem rechten Kopp Verlag trägt etwa den Titel: *Kontrollverlust – Wer uns bedroht und wie wir uns schützen*. Auf dem Cover: Bundeskanzlerin Merkel. »Die Bundeskanzlerin hat nicht nur willkürlich die Gesetze zum Schutz unseres Staates und der deutschen Bevölkerung außer Kraft gesetzt«, liest man auf den ersten Seiten. »Denn die Eliten in Deutschland, Europa und der Welt arbeiten daran, uns unsere Freiheit, unsere Sicherheit und unsere Rechte zu nehmen.« Auf vernebelte Art und Weise wird die Idee vom »Bevölkerungsaustausch« verbreitet, getarnt als »investigative Recherche« eines Experten.

Feminismus als Gesellschaftsverschwörung, die Verbindung von Antifeminismus und Rassismus und die Verschwörungsideologie vom »Großen Austausch« – das sind heute die Zutaten, mit denen sich Stimmen und Gefolgschaften mobilisieren lassen. Das ließ die AfD 2017 in den Bundestag einziehen. Ihr Appellieren an Männlichkeit und die »traditionelle Familie«, die – besonders im Zuge der »Flüchtlingskrise« – in Gefahr seien, verfing so gut, weil der Kontrollverlust in dieser Erzählung das heimische Schlafzimmer bedroht. Nicht mehr nur die abstrakte »Nation« müsse verteidigt werden, sondern das eigene Zuhause. Nicht irgendwann in vielen Jahrzehnten werde unsere Bevölkerung durch Muslim:innen ersetzt, sondern der Austausch finde gerade statt, jetzt und hier vor der eigenen Haustür, vielleicht sogar in den eigenen vier Wänden. Weil der Mann durch Unmännlichkeit Angriffsfläche biete, weil durch Pazifismus niemand heute mehr so richtig wisse, wie man als Soldat kämpft. Die Bedrohungslage sei selbst verschuldet und könne nicht mehr unter Kontrolle gebracht werden.

Außer natürlich, Männer entdeckten ihre Männlichkeit wieder, ihre Handlungsmacht, und unternähmen etwas dagegen. Wie gut eine solche Mobilisierung funktioniert, zeigt nicht nur das Beispiel der AfD oder anderer rechter Bewegungen wie der Identitären, die alle mit denselben Mitteln die Wirklichkeit umdeuten. Auch Trump bediente das Narrativ, als er deklarierte: »Mexicans are rapists.« Er bediente sich der gleichen Erzählung: Die Horden aus dem Süden würden einfallen, um den »White Genocide« voranzutreiben. Nur mit ausgetauschten Komponenten: Muslime sind jetzt Mexikaner, der Kriegsschauplatz die USA. Der Effekt aber ist derselbe, er ruft das männliche Bedürfnis wach, aktiv zu werden, sich zu organisieren und etwas zu unternehmen. Gegenwehr als Lösung der Krise, die durch den Kontrollverlust eingetreten ist.

Nach seiner Abwahl setzte Trump ebenfalls auf diesen Mechanismus und instrumentalisierte kriegerische Männlichkeit für seinen Putschversuch. In seiner Rede, kurz bevor seine Anhängerschaft das Kapitol stürmt, ruft Trump seinen Leuten zu: »Because you'll never take back our country with weakness. You have to show strength and you have to be strong.« Was dann geschah, ist in die Geschichtsbücher eingegangen. Die wütenden Horden im

Kapitol waren überwiegend männlich und traten dort auch als Männer auf: als soldatische Milizionäre in Kampfmontur mit schusssicheren Westen, Schnellfeuerwaffen und Gefechtshelmen. Als schamanischer Krieger mit Büffelhörnern und Speer, Fellbesatz und freiem Oberkörper. Als Kämpfer von QAnon, den Proud Boys und der Boogaloo-Bewegung mit ihren Hawaiihemden über oder unter der Gefechtsweste, mit Konföderiertenflaggen, Naziikonographie und Gasmasken, wie man sie aus den Weltkriegen kennt. Ein einziges hypermaskulines, überstrapaziertes Ideal von soldatischer Männlichkeit.

Die Erzählung vom Untergang der Männlichkeit ist auch der Grund dafür, dass es immer wieder terroristische Anschläge von jungen *weißen* Männern gibt, die denken, dass sie so den »Niedergang des weißen Mannes« aufhalten könnten, wie der Halle-Attentäter oder der Terrorist aus Hanau in ihren Manifesten bekannten. In den USA gehören solche Anschläge zum Alltag, immer wieder ziehen junge Männer mit Sturmgewehren los, um im Namen von *White Supremacy* und Männlichkeit People of Colour umzubringen. Diese Attentäter markieren das extreme Ende des Spektrums von Männern, die sich in ihrer Männlichkeit bedroht fühlen.

Schon seit einiger Zeit sind Thinktanks, die sich mit dieser heimischen Form des Terrorismus beschäftigen, dem Thema »toxische Männlichkeit« auf der Spur. Bei einem *Mass Shooting* handele es sich um einen »zutiefst männlichen Akt«, ist zum Beispiel in der führenden juristischen Zeitung der USA, der *California Law Review*, zu lesen. Die Attentäter hätten oftmals eine Vorgeschichte der Gewalt gegen Frauen, oftmals sogar eine Vorstrafe, wobei das ganze Register vorkommt: häusliche Gewalt, Online-Gewaltfantasien, Drohungen, Stalking, sexuelle Übergriffe.

Wie sehr die Krise der Männlichkeit eine Rolle bei den terroristischen Amoktaten in den USA spielt, zeigen die Attentate im Mai 2022. Innerhalb von nur zehn Tagen erschießen zwei 18-Jährige über 30 Menschen. In Buffalo trifft es zehn Schwarze Menschen in einem Supermarkt, den sich der Täter gezielt ausgesucht hatte, weil er sich in einem Viertel mit mehrheitlich Schwarzer Bevölkerung befindet. Das zweite Attentat ereignete sich an einer Grundschule in Uvalde, ein 18-Jähriger erschoss 19 Kinder und zwei Lehrerinnen, zuvor hatte er seine Großmutter angeschossen.

In seinem Manifest gibt sich der erste Täter als *White Supremacist* zu erkennen, nennt als Motivation den »Großen Austausch«, den »White Genocide« und die Geburtenraten. Er bedient sich dabei auch am Pamphlet des Attentäters von Christchurch, der 2019 in Neuseeland 51 Muslim:innen in Moscheen erschossen hat, und livestreamt nach dessen Vorbild seine Tat. Über den zweiten Täter weiß man, dass er regelmäßig jugendliche Mädchen in sozialen Medien belästigte und ihnen mit Mord, Vergewaltigung und Entführung drohte. In Foren witzelte er über sexuelle Übergriffe und sagte einmal, dass »jeder auf der Welt verdient hat, vergewaltigt zu werden«. Das hat noch nichts mit dem »Großen Austausch« zu tun, aber eine indirekte Verbindung gibt es: die gekränkte Anspruchshaltung, dass Frauen nicht mehr einfach für Männer verfügbar sind – nicht, um *weißen* Nachwuchs zu produzieren und so die *weißen* Geburtenraten stabil zu halten, nicht für Sex oder Beziehungen unabhängig von einem rassistischen Ziel. Auffällig ist außerdem, dass beide Attentäter eine Kampfweste trugen – so, wie viele Attentäter des letzten Jahrzehnts, wie das Forschungszentrum The Violence Project aufzeigt. Sie teilen also offensichtlich das gleiche Bild von soldatischer Männlichkeit, die mit Waffengewalt verteidigt werden muss.

Das Weltbild von extremen Attentätern lässt sich auch in gemäßigteren Kreisen finden. Im deutschen Feuilleton der Springer-Presse heißt es: »Die Freiheit wird nicht am Tampon-Behälter in der Männertoilette verteidigt«. So schreibt *Welt*-Chefredakteur Ulf Poschardt erzürnt, weil »Putin keine Furcht vor dem Westen hat – weil wir so schwach geworden sind«. Das soll die rechtskonservative Leserschaft mobilisieren, gegen ein verweichlichtes Männerbild aufzubegehren, das als »Ausdruck feigen Appeasements gegenüber dem Zeitgeist« die europäischen Länder in diese schwache Lage gebracht habe. Mit ironischer Häme und zynischen Pointen – im Kreml lache man sich kaputt über feministische Außenpolitik, während der Ukrainefeldzug geplant wird – soll sich Poschardts Leserschaft maximal gedemütigt fühlen, damit sie zur Tat schreitet und das Patriarchat zurückerobert.

Was der rechte Kolumnist da evozieren will, ist politische Handlungsmacht. Dafür inszeniert er den gesellschaftlichen Wandel zu einer immer progressiveren gleichberechtigten Demokratie als großen Kontrollverlust. Auch in seinem Text geht es vor allem um den Wandel von Männlichkeitsvorstellungen, oder besser: um den Verlust von Männlichkeit, von echten, harten, wehrhaften, soldatischen Alpha-Männern. Auch hier ist das Verständnis von überlegener Männlichkeit direkt an Kontrolle geknüpft, geht das eine verloren, dann auch das andere. Und auch Poschardts größtes Feindbild ist eine Frau mit politischer Autorität. War es bei Höcke Kanzlerin Angela Merkel, ist es bei dem Chefredakteur der *Welt* Außenministerin Annalena Baerbock. Es ist offensichtlich, dass beide Frauen über deutlich mehr Macht und Autorität verfügen und verfügten als Poschardt oder Höcke.

Höcke, Poschardt und Trump haben also etwas gemeinsam: Sie befinden sich im Krieg. Sie befinden sich aber nicht im Krieg gegen andere »starke Männer« wie Putin, der in diktatorischer Manier sein Nachbarland angreift. Gegen einen größenwahnsinnigen Machthaber, der seine eigene Bevölkerung unterdrückt und Frieden, Freiheit, Menschenrechte und Demokratie überall auf der Welt bedroht. Sie führen ihren eigenen Krieg: gegen Frauen mit politischer Autorität und gegen eine diverse Kultur, die Genderkategorien auflöst. Diese autoritären Männer wollen das Patriarchat wiederherstellen, was bedeutet, dass sie gegen politische Minderheiten zu Felde ziehen und die Rechte und Erfolge von Frauen, von People of Colour oder der LGBTQ+-Community zurückschrauben wollen.

Der Graben verläuft mitten durch unsere Gesellschaften hindurch, der Feind ist die »woke« Kultur einer diversen Szene, die immer mehr Macht, Freiheit und gesellschaftliche Ressourcen erringt, während sie die Privilegien und dominanten Rollen von *weißen* Hetero-cis-Männern infrage stellt. Seit Jahren braut sich da etwas zusammen, eine »rechte Internationale«, wie Kolumnist Christian Stöcker im *Spiegel* schreibt. Doch tatsächlich ist es eine *männliche* rechte Internationale, denn es geht nicht nur darum, rechte oder faschistische Ideologien durchzusetzen. Ihr Programm ist das der politischen Männlichkeit. Eine Allianz aus Rechten, Religiösen und Maskulinisten hat sich formiert, die alle dasselbe Ziel verfolgen: Männlichkeit wieder groß zu machen. Ihr Feindbild ist der Feminismus, der es Frauen ermöglicht, selbst über ihre Körper zu bestimmen.

Der Kampf um Körper

Wenn die Rechte von Frauen, selbstbestimmt und frei über den eigenen Körper und die eigene Sexualität entscheiden zu können, zurückgenommen werden, dann ist das zentraler Bestandteil von autoritärer Politik und Ausdruck des patriarchalen Rollenverständnisses. Es geht darum, Frauen auf ihren Körper zu reduzieren, ihn zu regulieren und zu kontrollieren.

In den USA hat der Supreme Court in diesem Zusammenhang zwei richtungsweisende Entscheidungen getroffen: Er hat im Juni 2022 das von der Verfassung garantierte Abtreibungsrecht in der Grundsatzentscheidung »Roe v. Wade« rückgängig gemacht und damit 50 Jahre reproduktive Selbstbestimmung von Bürgerinnen abgewickelt. In vielen konservativ regierten Bundesstaaten sind Schwangerschaftsabbrüche seitdem nicht mehr möglich, auch nicht nach Vergewaltigungen, Inzest oder bei Minderjährigkeit. So wurde einer 10-Jährigen in Ohio nach einer Vergewaltigung, von der sie schwanger wurde, die Abtreibung verweigert. Die Eltern mussten mit ihrer traumatisierten Tochter in den Nachbarbundesstaat Indiana fahren, um den Eingriff vornehmen lassen zu können. Daraufhin drohte der republikanische Justizminister von Indiana, die Gynäkologin »bis zum Entzug der medizinischen

Lizenz zu verklagen«, weil sie eine »Abtreibungsaktivistin« sei, die »den Fall politisiert« habe.

Gleichzeitig lockerte das Oberste Gericht die Waffengesetze mit der Begründung, es sei das Recht eines jeden Amerikaners, sich in der Öffentlichkeit selbst verteidigen zu können. Deshalb dürfen in Bundesstaaten wie New York jetzt keine speziellen Lizenzen zum Tragen von Handfeuerwaffen mehr verlangt werden. Denn jeder Person ist es erlaubt, diese einfach in der Öffentlichkeit mit sich zu führen. Das Urteil kam wenige Wochen nach den Attentaten in Buffalo und Uvalde und als Reaktion auf eine leichte Verschärfung des Waffenrechts, für die der US-Senat infolge der Massenmorde stimmte.

Zusammengenommen zielen die beiden Urteile auf ein konservatives Familienbild ab, das durchgesetzt werden soll. Sie machen deutlich, wie künftig die Rollenverteilung innerhalb der Familie politisch gesteuert werden soll. Es geht darum, die heterosexuelle Familie als einzig zulässige gesellschaftliche Lebensform zu installieren: Frauen sollen Kinder bekommen und für sie sorgen, Männer sollen die Familie mit scharfer Munition vor feindlichen Angriffen schützen.

Weitere Stellschrauben in Richtung einer autoritär patriarchalen Zukunft hat das Oberste Gericht bereits angekündigt: Grundsatzentscheidungen, wie das Recht von verheirateten Paaren, Empfängnisverhütung zu benutzen, das Recht von gleichgeschlechtlichen Lebenspartner:innen auf eine romantische, sexuelle Beziehung sowie das Recht auf die Ehe für alle, könnten ebenfalls zurückgenommen werden. Bei diesen Urteilen handele es sich um die nächsten »Fehler, die korrigiert werden müssen«, so einer der Richter des Supreme Court im Kommentar zum Abtreibungsurteil.

Hinter dem Zusammenspiel der Präzedenzfälle, die revidiert werden sollen, steht die Idee, dass die alten Grundsätze und Verhältnisse wiederhergestellt werden könnten, die vor der Zeit der Freiheitsbewegung galten: damals, als Frauen noch Frauen waren und Männer noch Männer, als es nichts dazwischen oder jenseits davon gab. Die beiden Geschlechter waren miteinander verheiratet, nicht untereinander. Und die Geburtenraten waren stabil. Dass sich der Oberste Gerichtshof der Vereinigten Staaten ausgerechnet mit den Themen Abtreibung, Verhütung, Homosexualität und Waffen auseinandersetzt, dient einem Zweck. Es geht darum, das autoritär patriarchale Ideal wiederherzustellen.

Interessant ist, wie diese Entwicklung von der kulturellen Seite flankiert wird. Genau zur Zeit der schärfsten Kontroversen in den USA, kurz vor und nach dem Supreme-Court-Urteil geht ein Trend auf TikTok unter dem Hashtag #NaturalBirthControl viral. 30 Millionen verfolgen ihn. Influencerinnen mit reichweitenstarken Accounts werben für »natürliche« Verhütungsmethoden, ausgerechnet in dem Moment, »in dem Millionen Leute in den USA ihren Zugang zu Abtreibungen verloren haben«, wie *Vice* feststellt. »Ditch your toxic birth control«, ruft eine von ihnen ihre Followerschaft auf, die »giftigen« Hormone der Pille abzusetzen und stattdessen auf Temperaturmessungen und Zervixschleimdichte zu vertrauen. Es handelt sich dabei um eine wachsende Bewegung von TikTokerinnen, die sich »ganzheitliche Heilerinnen« oder »Hormoncoaches« nennen. Sie üben nicht einfach Kritik an hormoneller Verhütung, indem sie auf Nebenwirkungen oder mangelnde Risikoaufklärung verweisen, sondern verbreiten die Idee, hormonelle Verhütungsmittel seien insgesamt gefährlich und unnötig. Deshalb sollten Frauen einfach auf ihren Körper hören, »natürlich« verhüten. Was sie dabei nicht erwähnen oder sogar schönreden: Im Gegensatz zur Pille oder zu Kondomen gibt es bei dieser Methode eine Fehlerquote von 20 Prozent. Deshalb ist sie auch als »Vatikanisches Roulette« bekannt.

Es ist kein Zufall, dass dieser Trend der »natürlichen« Empfängnisverhütung in einer Zeit viral geht, in der das Recht auf Abtreibung massiv infrage gestellt und eingeschränkt wird. Laut den Recherchen von *Vice* scheinen zumindest manche der Influencerinnen eine größere Agenda zu verfolgen. Eine von ihnen teilte zum Beispiel im Frühjahr 2022 ein Video, in dem sie sagt: »Unser System hat versagt. Daran gebe ich den Schulen die Schuld. Und den Ärzt:innen. Und meinen Eltern.« Über denselben Account wurde nach dem Urteil des Obersten Gerichts, das Abtreibungsrecht zu kippen, mehrfach vehement für »natürliche« Verhütungsmethoden geworben. Zur selben Zeit stimmten alle bis auf zehn der republikanischen Abgeordneten im Repräsentantenhaus des amerikanischen Kongresses gegen ein Gesetz, das das Recht auf Verhütung sicherstellen sollte. Das legt nahe, dass seit einigen Jahren eine reaktionäre politische Agenda absichtlich von bestimmten Kräften in westlichen Demokratien, allen voran den USA, vorangetrieben wird, die über politische, aber auch kulturelle Kanäle arbeitet – mit dem Ziel, uns in eine autoritäre patriarchale Vergangenheit zurückzuversetzen.

Der Amerikanist Michael Hochgeschwender erklärt im Interview mit der *Süddeutschen Zeitung*, dass die konservative Mehrheit der Richter:innen am Supreme Court alle einer Vereinigung von Jurist:innen angehören, die eine ganz bestimmte fundamentalistische Lehre vertritt, die »Lehre des Original Intent«. Es gebe sie in zwei Varianten, die »erste ist ein Wort-Fundamentalismus, da hat der Text der amerikanischen Verfassung absolute Gültigkeit, so ähnlich, wie ein Fundamentalist die Bibel wörtlich nimmt.

Die zweite fragt mehr nach der historischen Bedeutung. Was meinte der Text der Verfassung zur Zeit ihrer Entstehung?« Diese Richter:innen sind also drauf und dran, das Oberste Gericht der USA mit ihrem Verfassungsfundamentalismus und den neuen Weichenstellungen bei Frauenrechten und Waffengesetzen »an die Spitze der antiliberalen Bewegung« zu stellen. Dass es jetzt wieder zurückgeht, ist eine Entwicklung, die Hochgeschwender aus historischer Perspektive nüchtern sieht: »Die Vorstellung von der linearen Liberalisierung der führenden Nationen des Westens und dann der ganzen Welt – ein Traum der Aufklärung – war schon immer empirisch fragwürdig. Die Geschichte hat immer auch mindestens retardierende Momente.«

Dass es gar nicht zurückgeht, sondern voran, aber eben nicht im progressiven Sinn, meint die Essayistin des *New Yorker,* Jia Tolentino. Sie sieht die politischen Entwicklungen weniger nüchtern, vielleicht auch, weil sie als Frau direkt betroffen ist. In ihrem Essay »We're Not Going Back to the Time Before Roe. We're Going Somewhere Worse« warnt sie eindringlich vor einer düsteren totalitären Zukunft: »Die Zukunft, in der wir nunmehr leben, wird nicht der Vergangenheit vor dem Abtreibungsurteil des Supreme Court von 1973 ähneln, als Frauen nach Moglichkeiten der illegalen Abtreibung suchten und nicht selten den Tod fanden.« Tolentinos Befürchtung ist, dass die Zukunft für Frauen viel schlimmer sein wird, als die Vergangenheit vor Roe v. Wade war. Unsichere Schwangerschaftsabbrüche sind in ihrem Szenario nur der Anfang. Die Hauptgefahr aber bestehe in der »staatlichen Überwachung und Kriminalisierung« von schwangeren Frauen, und darüber hinaus auch von Ärzt:innen, Apotheker:innen, Klinikmitarbeiter:innen, von Freund:innen und Familienangehörigen, von einfach allen, die Kontakt zu einer Schwangeren haben, deren Schwangerschaft »nicht mit einer gesunden Geburt endet«. So würden Schwangerschaften in Bestrafungen verwandelt. In diese düstere Ära seien die USA bereits eigetreten, warnt die Journalistin: »In den Bundesstaaten, die Abtreibungen verboten haben oder noch verbieten werden, kann jeder frühzeitige Abbruch, jede Fehlgeburt nunmehr potenziell als Verbrechen verfolgt werden. Suchverläufe, Browserchroniken, Textnachrichten, Standortdaten, Zahlungsinformationen, Daten aus Periodentrackingapps – all das kann die Staatsanwaltschaft untersuchen, wenn sie auch nur den leisesten Verdacht hat, dass ein Schwangerschaftsabbruch absichtlich herbeigeführt worden ist. Selbst wenn Strafverfolgungsbehörden dies am Ende nicht beweisen können, werden diejenigen, die im Zentrum der Ermittlungen stehen, allein schon durch das Verfahren bestraft und für alles verantwortlich gemacht, das womöglich gefunden wird.«

Eine Notärztin aus dem US-Bundesstaat Tennessee, wo ein striktes Abtreibungsverbot gilt, beschreibt in der *ZEIT*, was das für sie in der Notaufnahme bedeutet: »Ich kann Ihnen nicht sagen, wie viele Frauen ich schon behandelt habe, die dachten, sie seien in der 12. Schwangerschaftswoche, und dann zeigte der Ultraschall, dass der Embryo sich nicht über die sechste Woche hinaus entwickelt hatte. Je länger dieses tote Gewebe im Körper bleibt, desto wahrscheinlicher ist es, dass sich eine Infektion entwickelt – eine potenziell lebensbedrohliche Situation. Üblicherweise würden wir deshalb so rasch wie möglich diesen Spontanabort – so heißen Fehlgeburten medizinisch gesprochen – vollenden. Aber mit der neuen Rechtslage stehen wir plötzlich vor der Aussicht, damit eine Straftat zu begehen.« Über medizinischem Personal hängt damit ein ständiges Damoklesschwert, dass sie sich strafbar machen, wenn sie schwangere Notfälle behandeln. Hinzu kommt die psychische Belastung. So gibt die Notärztin zu bedenken: »Ich habe keinen Eid auf einen Zellklumpen geschworen, der in einem Uterus wächst. Sondern auf die atmende, sprechende, fühlende Patientin vor mir. Mein Herz bricht mit jeder Frau in Amerika, die nicht mehr die Möglichkeit hat, darüber zu bestimmen, was mit ihrem Körper geschieht. Wenn man Frauen etwa dazu zwingt, das Baby ihres Vergewaltigers zu bekommen, dann sind sie dazu verdammt, ihn für immer in ihrem Leben zu haben. Ich behandle Vergewaltigungsopfer in meinem Alltag, und es ist schwer, nicht mit ihnen zu weinen.«

Diese bedrohliche Zukunft zwingt eine Minderheit der Mehrheit auf. Tolentino schreibt, dass die Zustimmung für Abtreibungen nie höher war, dass sogar mehr als zwei Drittel der Menschen in den USA das Grundsatzurteil Roe v. Wade behalten wollten und fast 60 Prozent das Recht auf einen Abbruch befürworten – »egal [aus] welchen Gründen«. Jede Person, die potenziell schwanger werden kann, sei jetzt mit der Tatsache konfrontiert, dass das halbe Land in den Händen von republikanischen Gesetzgebern sei. Das bedeutet: Menschlichkeit und Autonomie einer schwangeren Person sind an Bedingungen geknüpft. Eine Frau ist demnach rechtlich und moralisch verpflichtet, sich – unter welchen Umständen auch immer – erst der Schwangerschaft und dann der Entbindung zu unterziehen, um anschließend zwei oder mehr Jahrzehnte der Fürsorge für den Nachwuchs zu investieren. Welche dauerhaften und möglicherweise verheerenden Folgen dies für ihren Körper, für ihr Herz, für ihren Verstand oder für ihre Familie, für ihre Möglichkeiten, Essen auf den Tisch zu bringen, für ihre Pläne, für ihre Ziele, für ihr Leben haben, spielt keine Rolle.

Auch in Deutschland sehen wir seit einigen Jahren, wie rechtskonservative Lobbygruppen versuchen, das Recht auf körperliche

Selbstbestimmung von Frauen einzuschränken. *Das Politische ist persönlich*, so nannte »Abtreibungsärztin« Kristina Hänel die Geschichte des Strafverfahrens, das gegen sie geführt wurde, weil sie auf ihrer Website erklärt hatte, Schwangerschaftsabbrüche vorzunehmen. Sie wird zur Ikone im Kampf um das Recht von Ärzt:innen werden, Frauen über den medizinischen Eingriff sachlich zu informieren – im Jahr 2019. Der Prozess gegen sie führte dazu, dass der Paragraf 219 a, der »Werbung für den Abbruch der Schwangerschaft« unter Strafe stellt, Mitte 2022 vom Bundestag gekippt wurde, nur wenige Stunden, bevor das Oberste Gericht in den USA das Recht auf Abtreibungen kassierte. Die politischen Entwicklungen hier und dort könnten also kaum entgegengesetzter sein. Hierzulande beißen sich rechtskonservative Lobbyisten an der, gemessen an den Merkel-Jahren, progressiven Ampelregierung die Zähne aus. Aber vielleicht ist der Blick nach Westen für uns ein Blick in die Zukunft: Als Barack Obama Präsident der Vereinigten Staaten wurde und acht Jahre lang blieb, konnte man sich den rechtlichen Backlash, der folgte, sicher auch nicht vorstellen.

Dass das Thema Abtreibung in Deutschland überhaupt so in den Fokus der Öffentlichkeit rückte und neu verhandelt werden musste, hat eine Vorgeschichte. Denn obwohl es das Verbot gab, hatte es jahrelang überhaupt keine Rolle gespielt. Ärzt:innen boten Informationen über Schwangerschaftsabbrüche an, kaum jemand bemerkte es als strafrechtlich relevantes Handeln, es zog keine juristischen Konsequenzen nach sich. Vielleicht wussten viele nicht einmal, dass das Informationsangebot überhaupt strafbar war. Bis zu dem Zeitpunkt, als die Anzeigen von Abtreibungsgegner:innen gegen Arztpraxen mit einem Mal sprunghaft in den Jahren 2015 und 2016 anstiegen.

Das ist der Lobbyarbeit von fundamentalistischen, rechtskonservativen Gruppierungen zu verdanken, die im letzten Jahrzehnt immer vernetzter und aktiver wurden. Sie versuchen auf vielen Ebenen, Gleichberechtigung Schritt für Schritt rückgängig zu machen. Nach außen geben sie sich dabei ein seriöses gemäßigtes Auftreten und richten zum Beispiel »Beratungsstellen« ein, wo sich Schwangere angeblich »wertfrei« beraten lassen können. In Wirklichkeit aber sollen sie, die ab der ersten Schwangerschaftswoche »Mütter im Konflikt« genannt werden, vom Abbruch abgebracht werden. Auf Kongressen, in Vorträgen und Workshops wird der »Pro Life«-Nachwuchs darin geschult, andere davon zu überzeugen, dass Abtreibungen »Babyzide« seien. An Universitäten werden »Pro Life«-Gruppen gegen den Widerstand der Hochschulleitung gegründet, an Schulen schon für achte Klassen entsprechende Workshops angeboten. Vom fundamentalistischen Gedankengut erfährt die Öffentlichkeit, weil sich Journalist:innen undercover in die Workshops einschleusen, um darüber zu berichten, wie zum Beispiel Thembi Wolf über radikale Abtreibungsgegner:innen in Berlin. Die großen Demos »Marsch für das Leben« stehen programmatisch der AfD nahe. Das zeigt sich auch rhetorisch: Man wolle die Lebensschutzbewegung so stark machen »wie die Homosexuellen-Lobby«.

Dahinter steht ein mächtiges christlich-fundamentalistisches Netzwerk, das in ganz Europa gegen die körperliche Selbstbestimmung von Frauen und gegen die Ehe für alle kämpft. Es gibt Milliarden aus, um europäische Parlamente zu beeinflussen. In vielen Ländern ist die Lobbyarbeit erfolgreich. Ganz besonders im erzkatholischen Polen, wo die rückschrittliche Politik der ultrarechten PiS-Partei die einigermaßen liberale Gesetzgebung immer weiter zurücknahm. Selbst in Spanien, das bis vor wenigen Jahren keine rechtspopulistischen Tendenzen kannte, ließ sich das beobachten, begleitet von vehementen Debatten. Die rechtsextreme Vox-Partei schaffte es 2019 ins Parlament mit einem Programm, das auf frappierende Weise dem von Trump ähnelt: Sie nennt Feministinnen »Feminazis« und setzt sich dafür ein, dass die strengen Gesetze zu Gewalt gegen Frauen abgeschafft werden. Sie ist gegen Abtreibungen, gegen die Ehe für alle und generell gegen LGBTQ+-Rechte. Im Wahlkampf warb sie für ein liberaleres Waffengesetz mit dem Argument, dass spanische Bürger:innen für ihr Recht auf Selbstverteidigung wehrhaft sein müssten, notfalls eben mit Waffengewalt. Sie kündigte an, kritische Medien wie einen privaten TV-Sender und den öffentlich-rechtlichen Rundfunk in bestimmten Regionen zu schließen, wenn sie die Wahl gewinnen würde. Und eine Mauer zu bauen, um die »illegale Einwanderung« vor allem über die spanischen Exklaven Ceuta und Melilla zu verhindern.

Auch wenn Trump nicht der Begründer dieser rechtspopulistischen Bewegung ist, so hat sein politisches Wirken doch große Strahlkraft für die Bewegungen in anderen Teilen der Welt entfaltet. Und weil er wichtige Schlüsselpositionen amerikanischer Institutionen, vor allem von Bundesgerichten und vom Supreme Court, mit seinen Leuten besetzte, wirken die politischen Weichenstellungen auch über das Ende seiner Amtszeit hinaus. Das ist Trumps Vermächtnis. Das könnte einen Wendepunkt für den feministischen Fortschritt und liberale Demokratien im Allgemeinen markieren. Es gibt zahlreiche Hinweise darauf, dass Jia Tolentino mit ihrer düsteren Prognose recht hat. So ist Roe v. Wade zum Beispiel die erste Revision eines Grundsatzurteils in der Geschichte der USA, die Freiheitsrechte *einschränkt*. Bisher wurden Präzedenzfälle nur zurückgenommen, wenn dadurch Freiheitsrechte *erweitert* wurden, wie zum Beispiel im Jahr 1954 durch die Rücknahme des Grundsatzurteils zur »Rassentrennung« an staatlichen Schulen in den USA von 1896.

In Oklahoma nutzte das Parlament den Stimmungswechsel am Supreme Court im Juni 2022 sogleich und beschloss noch vor der tatsächlichen Revision des Urteils, ein Gesetz, das Abtreibungen ab dem Zeitpunkt der Befruchtung verbietet, außer das Leben der Mutter ist in Gefahr. Mit bis zu zehn Jahren Haft oder 100 000 Dollar Strafe müssen diejenigen rechnen, die eine Abtreibung durchführen. Liberale sind also zu Recht in höchstem Maß alarmiert. US-Präsident Joe Bidens Sprecherin Jen Psaki bezeichnet das Gesetz als Teil »eines verstörenden nationalen Trends, Frauenrechte anzugreifen«.

Schon 2021 legten die Republikaner:innen in North Carolina dem Parlament des Bundesstaates ein Gesetz zur Abstimmung vor, das Gewalt gegen jede Person legalisieren sollte, die eine Abtreibung an sich oder anderen vornimmt. Das hätte bedeutet, dass es auch Zivilist:innen erlaubt gewesen wäre, tödliche Gewalt anzuwenden, um eine Abtreibung zu verhindern. Außerdem sollten Schwangerschaftsabbrüche vor Gericht wie vorsätzlicher Mord behandelt werden, worauf die Todesstrafe steht. Das Gesetz fand keine Mehrheit, aber darum ging es auch nicht. Vielmehr war es Teil einer Strategie der extremen Rechten, das Undenkbare denkbar zu machen, das Unsagbare sagbar und das Unmachbare machbar. Wenn immer wieder extreme Gesetzesentwürfe eingebracht werden, dann verschiebt sich allmählich die Grenze dessen, was als normal empfunden wird, Menschen werden desensibilisiert. Das bereitet den Boden für Vorstöße wie Roe v. Wade, die gar nicht mehr so extrem erscheinen, wenn man sie mit anderen politischen Vorhaben vergleicht.

Dass es sich dabei wirklich um eine konzertierte Strategie

handelt, zeigt die feministische Kolumnistin Arwa Mahdawi im *Guardian*. Es gibt ein Handbuch, geschrieben von christlichen Nationalist:innen. Auf 116 Seiten legt ein Bündnis von rechtsextremen christlichen Gruppierungen mit dem Namen »Project Blitz« seine Strategie dar. Detaillierte Anweisungen sollen die Anhängerschaft der religiösen Rechten in die Lage versetzen, ihre Weltanschauung in Gesetze zu überzuführen und so die Trennung zwischen Kirche und Staat schrittweise aufzuheben. Gesetzesinitiativen wie die in North Carolina, die die Todesstrafe für Abtreibungen einführen wollte, sind »Teil einer koordinierten – und hocheffektiven – Strategie der Rechten, ihre Macht zu konsolidieren«, warnt Mahdawi.

Zeitdiagnostische Beobachter:innen sind davon überzeugt, dass »Konservative von einer Vision *weißer* christlich-patriarchaler Dominanz der 1950er-Jahre getrieben sind als einzige Ordnung, die sie für Amerika akzeptieren werden«, schreibt zum Beispiel der Historiker für Demokratiegeschichte, Thomas Zimmer, ebenfalls im *Guardian*. Das bedeutet: Auch in renommierten Wissenschaftskreisen, in der Avantgarde des progressiven Amerika, geht mittlerweile die Angst um, dass die Protagonisten des Backlash, der mit Trump einsetzte, erst Ruhe geben könnten, wenn sie alle Frauen- und Minderheitenrechte rückgängig gemacht haben – und die älteste moderne Demokratie der Welt keine mehr ist.

Roe v. Wade scheint weniger der Höhepunkt als vielmehr der Anfang von einer Entwicklung zu sein, die von Trump zwar maßgeblich vorangetrieben wurde, aber schon vor ihm existierte. Die Wurzeln liegen viel weiter zurück, und was daraus erwächst, übersteigt Trump bei Weitem. Er hat einer schon bestehenden Strömung Namen, Gesicht und Stimme verliehen und Positionen normalisiert, die früher auch unter Republikaner:innen als extrem galten: zum Beispiel, sich mit extremistischen Gruppen verbandeln, Verschwörungsmythen verbreiten und zu bewaffneten Putschaufständen aufrufen. Sein Aufstieg ins höchste Amt der Vereinigten Statten war nur durch eine antifeministische Allianz aus Fundamentalisten wie den Evangelikalen, Rechtsextremen wie der Alt-Right-Bewegung und der maskulinistischen Szene – *Pick-Up Artists, Incels*, Männerrechtler – möglich.

Dennoch hat Trump durch seine privilegierte Position an höchster Stelle im politischen System der USA viel mehr Schaden angerichtet, als uns hier in Deutschland bislang bewusst geworden ist, ganz besonders für Frauen. Das war eines der zentralen Wahlversprechen, das Trump während seiner Amtszeit einlöste: Indem er an den Supreme Court mit Neil Gorsuch, Brett Kavanaugh und Amy Coney Barrett drei dezidierte Abtreibungsgegner:innen berief, alle drei jünger als 55 Jahre, stellte er die Weichen für die nächsten Jahrzehnte. Die Kräfte, die Trump entfesselte, sind nach seiner Abwahl nicht gebannt, die radikalisierte Rechte bleibt mobilisiert, die Gesellschaft polarisiert.

Je mehr Frauen über reproduktive und sexuelle Selbstbestimmung verfügen, desto weniger Macht haben Männer über Frauenkörper. Mit der Kontrolle über Frauenkörper schwindet auch die Kontrolle über die Geburtenrate und über die Bevölkerung. Da sind wir wieder bei der Theorie des »Großen Austauschs«. Es ist eine *weiße* christlich-patriarchale Strömung, die die reproduktive Oberhand zurückgewinnen will. Oder wie ein Abgeordneter aus Oklahoma es zu Beginn der Ära Trump gegenüber *The Intercept* formulierte: »Ich verstehe, dass Frauen denken, ihr Körper gehöre ihnen. Ich würde jedoch eher sagen, dass sie ›Gastgeber‹ sind. Und wenn sie eine Beziehung eingehen, dann als ›Gastgeber‹.«

Wenn wir uns anschauen, in welchen Ländern Abtreibungsrechte zurückgefahren werden – USA, Polen, Ungarn, Russland, Brasilien –, dann ist die verbindende Kraft dahinter offensichtlich: die männliche rechte Internationale mit ihren autoritären Anführern aus »starken Männern«. Sie treffen sich beispielsweise alle zwei Jahre auf »Demografiegipfeln«, zu denen Ungarns Ministerpräsident Viktor Orbán in Budapest einlädt, um sich mit Politikgrößen wie Ex-US-Vizepräsident Mike Pence oder Hardliner Éric Zemmour, der beim letzten Gipfel noch französischer Präsidentschaftskandidat war, auf die Verteidigung »christlicher« Werte einzustimmen. Der Backlash gegen die körperliche Freiheit von Frauen ist gut organisiert und wohlorchestriert.

Cancel Culture und Hexenjagd

Um den Kampf um die Deutungshoheit zu gewinnen, eignen sich rechtskonservative Akteur:innen Begriffe an und deuten oder drehen sie um. Meist geht es darum, Täter- und Opferrolle umzukehren. So behauptete zum Beispiel die AfD immer wieder, nicht sie sei rechtsextrem, sondern die Regierung – da finde gerade eine »Machtergreifung« statt. Merkel sei der neue Hitler, ein »Schnauzer mit Raute«, Deutschland eine Diktatur, in der Zensur statt Meinungsfreiheit herrsche, die Coronaimpfung sei ein neuer »Holocaust«. Und die Partei und ihre Anhänger:innen seien Opfer einer neuen totalitären Verfolgung. Dabei ist es ja bekanntermaßen die AfD selbst, die antidemokratisch und verfassungsfeindlich denkt und agiert – und eben dafür kritisiert wird. Dieser Trick ist mittlerweile weitverbreitet, denn er wirkt: Wer sich selbst mit Vorwürfen konfrontiert sieht, inszeniert sich als das eigentliche Opfer, und schon kehren sich die Verhältnisse um. Vorwürfe werden fallen gelassen, weil sich diejenigen, die vorher in der Position der Kritiker:innen auftraten, plötzlich in der Lage wiederfinden, sich zu verteidigen. Vom berechtigten Anliegen wird der Blick weggelenkt.

Wie gut das funktioniert, zeigt der ganze Komplex der *Cancel*

Culture. Als die Stimmen von politischen Minderheiten durch die neue Reichweite und Macht der sozialen Medien immer mehr an Gewicht gewannen und gehört wurden, wurde ihre legitime Kritik als »Geschrei eines anonymen Twitter Mobs« diskreditiert, der willkürlich Leute canceln wolle. Zum Beispiel hagelt es für die Kabarettistin Lisa Eckhart Kritik, weil sie Witze über Abschiebungen macht. Sie sei gegen Abschiebungen, zumindest per Flugzeug, weil Flüge von »Flüchtlingen zurück nach Aleppo« nicht umweltfreundlich seien. Stattdessen sollten Geflüchtete »zu Fuß« zurück, aber »ohne Proviant, weil die werfen die Plastikflaschen sonst sicher irgendwo am Boden und finden dann anhand des Mülls wie Hänsel und Gretel sofort wieder her«. Oder den Witz: »Wieso sind in Sachen Humor die Juden den Frauen zwei Nasenlängen voraus?« Eckhart wurde für diese Aussagen scharf kritisiert und von einem Kulturfestival ausgeladen.

Die AfD instrumentalisierte den Fall sogleich und entwarf ein Plakat, auf dem die Kabarettistin abgebildet ist. Überschrift: »Linke zerstören Deutschlands Freiheit – Kabarettistin Lisa Eckhart nach Gewaltandrohung von Kulturfestival ausgeladen«. Für die »reaktionäre Rollback-Fraktion auf Twitter«, wie die *Frankfurter Rundschau* es nennt, diente die Kritik an Eckhart als Steilvorlage, um *Cancel Culture* anzuprangern. Denn Eckhart ist nun nicht mehr diejenige, die diskriminiert, sondern sie wird ausgegrenzt – sie ist das Opfer. Die AfD eignet sich also den Begriff »liberal« an und deutet ihn um: »Liberal« bedeutet nicht mehr, dass man Kritik an Eckharts Kunst üben kann, das ist Zensur. Sondern »liberal« meint die Freiheit zur Diskriminierung, das sei schließlich Meinungsfreiheit, die durch die Kritik »zensiert« werde. Dabei greift die AfD selbst auf Methoden zurück, die sie als *Cancel Culture* verurteilt: Sie verweigert den Dialog, denunziert einzelne Personen oder

Gruppen, fordert Redeverbote für Abgeordnete im Bundestag oder schließt kritische Medienvertreter:innen aus.

Zweifellos muss eine Person des öffentlichen Lebens mit Kritik rechnen, wenn sie auf eine Weise wie Eckhart provoziert. Und wir müssen uns als Gesellschaft immer wieder fragen, was von der Kunstfreiheit gedeckt ist und ab wann etwas strafrechtlich relevant wird. Diese Grenze wird nur dadurch gefunden, dass wir über sie streiten. Heute wollen viele Menschen solche Kunst wie von Eckhart nicht mehr sehen oder rufen sogar dazu auf, die Künstlerin zu boykottieren, sie nicht mehr einzuladen, ihr keine Bühne zu geben. Sie haben die ethische, diskursive und die faktische Macht dazu, Rassismus, Sexismus und Antisemitismus anzuprangern. Und es ist absolut legitim, über soziale Medien für diese Themen zu sensibilisieren und auf menschenfeindliche Haltungen aufmerksam zu machen – mit der Macht der eigenen Reichweite. Ohne Frage darf man Widerstand gegen Diskriminierungen leisten und auch dafür mobilisieren. Aber das ist noch kein »Verbot«, denn die rechtsamüsierten Fans von Eckhart können ja trotzdem zu ihren Auftritten gehen.

Kämpferische Begriffe, die ursprünglich positiv besetzt waren, werden zu negativen Begriffen umgemünzt. Dass es sich dabei um rechte Diskursstrategien handelt, durchschauen viele Feuilletons nicht. Harvard-Professor Adrian Daub kritisiert an der medial verbreiteten »moralischen Panik um Cancel Culture und Political Correctness«, dass Zeitungen und Redaktionen sich zu »Handlangern und Verstärkern ideologisch motivierter Realitätsverdrehungen machen« lassen und es nicht merken. Oder sie betreiben aktives Clickbaiting und nehmen für die höhere Aufmerksamkeit billigend in Kauf, instrumentalisiert zu werden. »Die Treuherzigkeit, mit der Säue wie Political Correctness und Cancel Culture durchs Dorf gejagt werden, könnte also auch damit zu tun haben, dass die Redaktionen schrumpfen, die Budgets kleiner werden und die Abonnent:innen älter«, schreibt Daub.

Und das Gleiche gilt für konservative Parteien, die sich zurück ins Gespräch bringen wollen. »Die größte Bedrohung für die Meinungsfreiheit ist aus meiner Sicht inzwischen die Zensurkultur, auch Cancel Culture genannt. Ich sehe mit größter Besorgnis, was an den Universitäten in den USA passiert; das schwappt jetzt auch nach Europa über«, schreibt CDU-Vorsitzender Friedrich Merz in der *Welt*. Was aber vor allem nach Europa zu schwappen scheint, möchte man einwerfen, ist der amerikanische Kulturkampf: Parteien radikalisieren ihre Positionen, um Wähler:innen zu mobilisieren und sich politische Macht zu sichern – und nehmen dafür eine Polarisierung der Gesellschaften in Kauf. Solche Aussagen aus der CDU sind ein gutes Beispiel dafür, wie rhetorische Strategien von rechts bei Konservativen verfangen und so immer weiter in die Mitte der Gesellschaft vordringen. Erst werden die Grenzen des Sagbaren und dann die des Machbaren verschoben.

Außerdem dient das Empörungswerkzeug auch immer den Interessen Einzelner. So inszenierte sich auch Julian Reichelt als Opfer von »Cancel-Culture und Woke-Wahnsinn«. Die Vorwürfe der sexuellen Übergriffe, die Mitarbeiterinnen gegen ihn erhoben, nannte er beim österreichischen Privatsender ServusTV »perfide erfundenen Quatsch«, im Gegenteil habe er bei *Bild* viele »Frauenkarrieren ermöglicht«. Die wahren Täter:innen seien also diejenigen, die sein übergriffiges Verhalten gegenüber Frauen verurteilten, auch die betroffenen Frauen selbst, und ihn auf diese Weise gecancelt hätten. So kann Reichelt von seinen Fehltritten ablenken, sich jeglicher öffentlicher Kritik entziehen und hält sich im

Gespräch, obwohl er nicht mehr *Bild*-Chef ist und auch keine andere wichtige Position innehat. Als Erfolgsstrategie in Sachen Aufmerksamkeit erwies sich der »Cancel-Culture-Exzess«-Vorwurf auch für Lisa Eckhart: Nach der Debatte verkaufte sich ihr Debütroman *Omama* viel besser als zuvor.

Die *Washington Post* vollzieht den Wandel des Begriffs *Cancel Culture* nach und zeigt, dass politische Minderheiten ursprünglich darin ein Mittel gefunden hatten, gesellschaftliche Missstände anzuprangern: »›Cancel‹ und ›woke‹ sind die jüngsten Begriffe, die ihren Ursprung in Schwarzer Kultur haben, nur um dann vom *weißen* Mainstream übernommen und anschließend zu Tode geprügelt zu werden. Junge Schwarze Menschen haben diese Ausdrücke seit Jahren aufrichtig genutzt, um öffentlich zur Rede zu stellen, auf Missstände hinzuweisen, zum Hinschauen und Handeln aufzufordern.« Jemanden oder etwas auf Twitter als »gecancelt« zu bezeichnen, sei nicht wirklich ein Versuch gewesen, einen Boykott anzuzetteln oder jemanden aus der Öffentlichkeit zu vertreiben. Es sei dabei eher um eine persönliche Entscheidung gegangen, eine Art zu sagen: Wir machen da nicht mehr mit. Du hast eine Grenze überschritten, also bin ich fertig mit dir. So, wie sich Schwarze Fans zum Beispiel vor 15 Jahren über Justin Timberlake empörten, nachdem er Prince herabgewürdigt hatte.

Doch durch die Aneignung und Umdeutung hat sich *Cancel Culture* zu einem wirksamen Instrument im Kampf um kulturelle Hegemonie gewandelt. Und das geht eben weit über Feuilletondebatten hinaus, mit handfesten Konsequenzen in der realen Welt. Auch berechtigte, strafrechtlich relevante Anschuldigungen lassen sich mit dem *Cancel-Culture*-Vorwurf leicht abschmettern. Die britische Regierung unter Boris Johnson wollte im Februar 2021 sogar ein Gesetz gegen *Cancel Culture* verabschieden. So wird die *Cancel-Culture*-Keule mehr und mehr zum Instrument eines veritablen Backlashs gegen die Errungenschaften von politischen Minderheiten in den letzten zwei Jahrzehnten. Das gilt besonders für die *MeToo*-Bewegung, die fast von Beginn an vom Vorwurf des »Exzesses«, der »Selbstjustiz« und eben auch der *Cancel Culture* begleitet wurde. Die feministische Kolumnistin Jagoda Marinić zieht ein ernüchtertes Fazit beim Vergleich zwischen *Cancel-Culture-* und *MeToo*-Debatte: Es stünden sich bei beiden in etwa die gleichen Lager gegenüber, und »so wie es in Deutschland kaum gecancelte Namen gibt, so gab es auch kaum drei Männernamen, die öffentlich gefallen sind; doch die deutsche Empörung über das Zerstörpotenzial von #MeToo war größer als die Bewegung selbst«. Frauen und Queeren, die nicht über die Mittel verfügten, mächtige Männer juristisch zur Rechenschaft zu ziehen, eröffnete sich mit *MeToo* die Möglichkeit, Personen durch das Schaffen von Öffentlichkeit für sexuelle Übergriffe verantwortlich zu machen und Konsequenzen einzufordern. Es hatte dann wenigstens gesellschaftliche Folgen für die Täter, ganz selten auch strafrechtliche. *MeToo* hat die Wahrscheinlichkeit erhöht, dass ihr Image Schaden nimmt, sie ihre Jobs verlieren oder von wichtigen Positionen zurücktreten müssen. Und genau diese Möglichkeit der öffentlichen Anklage wird jetzt zur Waffe gegen die Betroffenen, die mit dem *Cancel-Culture*-Vorwurf ihrerseits an den Pranger gestellt und so zum Schweigen gebracht werden sollen. Man braucht den Begriff nur zu nennen, um die andere Person mundtot zu machen, ohne weitere Erklärung. Er wirkt wie eine Keule.

Es gibt einen weiteren Begriff, der Täter und Opfer umkehrt und die Verhältnisse zwischen politischer und gesellschaftlicher Herrschaftsklasse, den Privilegierten mit Macht auf der einen Seite und politischen Minderheiten auf der anderen Seite verdreht: »Hexenjagd«, eine Art Synonym für *Cancel Culture*. Er wird über alle Bereiche hinweg genutzt, um Kritik an rassistischen Ausfällen, sexistischem Verhalten oder Anfeindungen gegen queere Menschen zu diskreditieren und die Deutungshoheit darüber zurückzugewinnen. Die Deutungshoheit, die Kontrolle über die eigene Geschichte, war genau das, was Bewegungen wie *MeToo* oder *Black Lives Matter* mit ihrem Aktivismus errungen hatten. Mit ihren kritischen Herrschaftsdiagnosen stellten sie die Herrschenden und damit deren Herrschaft selbst infrage.

Sowohl die öffentlichen Anklagen von *MeToo* als auch die Cancelpraxis wurden schon kurz nach ihrem Aufkommen als »Hexenjagden« diffamiert. Trump berief sich bei jeder Form der Kritik an ihm während seiner Präsidentschaft auf eine »Hexenjagd« gegen seine Person. Hollywood-Regisseure wie Terry Gilliam sagen Sätze wie: »MeToo ist eine Hexenjagd. Ich habe wirklich das Gefühl, dass viele Menschen, anständige Menschen, unter den Hammer kamen. Das ist nicht richtig. Ich mag keine Mob-Mentalität. Das waren ehrgeizige Erwachsene.« Was übersetzt bedeutet, dass diese »ehrgeizigen Erwachsenen« zu wichtig waren, um nur wegen sexueller Verfehlungen keine Aufträge mehr zu bekommen. Und auch die Vorwürfe der sexuellen Übergriffe gegen Brett Kavanaugh, bevor dieser zum Richter am Supreme Court ernannt wurde, waren in Wirklichkeit eine »Hexenjagd«, wie seine Unterstützer:innen riefen. Privilegierte Männer, die aufgrund ihrer Macht, ihrer hohen Position, ihrer finanziellen Ressourcen und ihrer wichtigen Kontakte unantastbar sind, inszenieren sich als Opfer einer Verfolgungspraxis, bei der privilegierte Männer in hohen Positionen arme »Hexen«, oftmals Frauen aus der Unterschicht, verfolgten.

Laurie Penny bemerkt: »Während die feine Gesellschaft gegen

die ›Cancel Culture‹ wettert, beklagen die Reichen und Erfolgreichen Entlassungen aufgrund von Vorurteilen als ›Mobjustiz‹ und sprechen sogar von ›Hexenjagd‹ und ›Lynchmord‹. Es ist schon bezeichnend, wenn *Weiße* und Reiche, die sich ungerecht behandelt fühlen, eine Sprache verwenden, die echte physische, blutige Gewalt beschreibt, die seit Menschengedenken an den Körpern von Schwarzen, People of Colour und *weißen* Frauen verübt wird.« Besonders die bis heute im kollektiven Gedächtnis der USA traumatische Lynchjustiz liegt noch gar nicht weit zurück und ist gewiss nicht an *weißen* privilegierten Männern praktiziert worden. Die Aneignung und Verkehrung solcher Begriffe ist also besonders perfide und erneut schmerzhaft für diejenigen, die einst zu den Opfern hätten zählen können.

Übrigens sind davon auch Menschen nicht ausgenommen, die potenziell selbst zur betroffenen Minderheit gehören. Ein Beispiel dafür ist der ultrakonservative Schwarze Richter am Supreme Court, Clarence Thomas. Genau wie sein Kollege Brett Kavanaugh hat er eine Vorgeschichte. Als ihm seine Mitarbeiterin Anita Hill 1991 nach seiner Nominierung für das Oberste Gericht durch den damaligen Präsidenten George H. W. Bush sexuelle Belästigung vorwirft, tut er die Vorwürfe ab und sagt, er werde vor laufender Kamera »gelyncht«. In der Anhörung spricht er von einem »High-Tech-Lynching für aufmüpfige Schwarze«. Doch ist Thomas nicht gerade bekannt dafür, sich für die Rechte von Schwarzen Menschen einzusetzen. Im Gegenteil, er vertritt sogar die Auffassung, dass die bevorzugte Behandlung von Minderheiten, besonders von Schwarzen Menschen, als positive Diskriminierung zur Herstellung von mehr Gleichheit verfassungswidrig sei. Thomas ist bis heute Richter am Supreme Court, Anita Hill nennt er »seine verleumderischste Gegnerin«. Den Lynchmord genau wie die

Hexenjagd als Metapher zu missbrauchen, um Täter und Opfer umzukehren, relativiert auch die leidvolle Geschichte dahinter.

Hexenverfolgungen fanden über Jahrhunderte statt. Jede Frau, die sich nicht an die patriarchalen Regeln hielt – oder aus Neid, Missgunst, Kränkung –, konnte bestraft, eingesperrt, gefoltert und hingerichtet werden. Die Hexenjagd war eine Methode, Frauen und ein paar Männer zu disziplinieren und patriarchale Herrschaft durchzusetzen. Dabei zielten die Verfolgungen besonders auf Frauen ab, die über »geheimes« – das heißt Männern nicht zugängliches – Wissen über Empfängnisverhütung und Abtreibung verfügten. Oder solche, die sich nicht genderkonform verhielten. Frauen, die als weise galten, alleine lebten, alt oder sozial schwach waren. Prostituierte und andere Frauen, die ihre Sexualität außerhalb der Ehe auslebten. Und rebellische Frauen, die Widerworte gaben und diskutierten. Also Frauen, die eine Herausforderung für männliche Autorität und die Kirche darstellten und deren zunehmende soziale Macht zerstört werden musste. All diese Frauen bedrohten ein Sozialsystem, das durch rigide Genderrollen charakterisiert war, zeigen Historiker:innen wie Christina Larner, Gunnar Heinsohn und Otto Steiger aus sozialgeschichtlicher Perspektive oder Silvia Federici aus feministisch-philosophischer Perspektive. Mit dem »Krieg gegen Frauen« sollte die Kontrolle über reproduktives weibliches Wissen kriminalisiert und zerstört werden.

Auch in der Diskussion über Hexenverfolgungen zeigt sich die Schere zwischen faktischem Patriarchat und diskursiver Überwindung: Diese Zeit wird oft im dunklen Mittelalter verortet. Tatsächlich aber war der Höhepunkt der Verfolgungswelle viel später, nämlich in der Frühen Neuzeit und damit in einer Zeit, die wir in Europa gerne mit Moderne, der Blüte von Wissenschaft,

Kunst und Kultur assoziieren, der hohen Zivilisation also, die in die Aufklärung mündet. Aber es war eben auch eine zutiefst patriarchale Epoche, die Nationalstaaten hervorbrachte. Hierzulande wurde die letzte Hexe, eine 15-jährige Magd, die als Waisenkind auf der Straße gelebt hatte, im Jahr 1756 enthauptet und schließlich verbrannt. Vor allem ging es aber in dieser Zeit darum, mit den Hexenverfolgungen tradiertes »Geheimwissen« über Verhütungsmethoden zu unterdrücken, um eine starke Bevölkerung in den gerade neu entstandenen Territorialstaaten sicherzustellen.

Das ist ein höchst moderner Gedanke, der erst mit dem Aufkommen von Territorial- und später Nationalstaaten eine Rolle spielen kann. Er erinnert vielmehr an die Idee vom »Großen Austausch« und die Vorstöße des ultrakonservativen Supreme Court in Sachen Verhütung, Abtreibungen und die Rolle, die Frauen dabei spielen (sollen), als an das »dunkle Mittelalter«. Das Wissen rund um die Geburtenkontrolle wurde genau zu der Zeit kriminalisiert, als die europäischen Länder mit Fragen von Reproduktion und schrumpfenden Bevölkerungszahlen beschäftigt waren. Dies führte dazu, dass der weibliche Körper, besonders der Uterus, reduziert auf eine Maschine der Gebärarbeit, in den Dienst des Bevölkerungswachstum gestellt und zur Angelegenheit des Staates erklärt wurde.

Unsere Vorstellungen von der Hexenverfolgung sind bis heute mit den Mythen verbunden, die damals geschaffen wurden: Frauen als Kindsmörderinnen, die in satanischen Zeremonien Babys auf Altären dem Teufel opfern und deren Blut tranken. In Märchen wie Hänsel und Gretel sind solche Mythen codiert, Kinder lesen solche Gräuelgeschichten noch immer. Und so absurd es klingen mag, diese Mythen werden inzwischen wieder für eine breitere Allgemeinheit bemüht. Die bizarre Verschwörungsideologie von

QAnon, die längst auch in Deutschland geteilt wird, streut genau diese Idee: Frauen mit Autorität wie Hillary Clinton seien in Wirklichkeit Hexen, die Kinder quälen. Ihre Macht rühre daher, dass sie Teil einer geheimen »Elite« seien. Diese Elite hänge einem pädosexuellen Satanskult an und betreibe einen globalen Kinderpornoring. Die Mitglieder tränken Kinderblut, um für immer jung zu bleiben und so weiter. Bei »Kinderblut« ist die antisemitische Komponente aufgerufen, in Form des uralten Mythos der jüdischen Weltverschwörung, nach welchem Jüd:innen Ritualmorde an Kindern begingen und Brunnen vergifteten. Deshalb ist der jüdische Milliardär George Soros für Anhänger:innen der Verschwörungsideologie von QAnon auch der Drahtzieher des geheimen Zirkels.

Eine moderne Version der Hexenverfolgung fand in der McCarthy-Ära in den USA der Fünfzigerjahre statt. Es handelte sich dabei um eine Art Säuberungsaktion der öffentlichen Institutionen, die von »kommunistischen Sympathisanten« befreit werden sollten. Aber auch die Opfer der »antikommunistischen Hexenjagden« waren in der Regel Frauen. So wurde laut Erin Cassese, Professorin für Politikwissenschaft, gegen überdurchschnittlich viele weibliche Staatsbedienstete ermittelt, wie sie bei Vox ausführt: »Einige Konservative befürchteten, dass Frauen die Behörden und Programme in einer Weise ausbauen würden, die den amerikanischen Frauen mehr Unabhängigkeit und Autonomie ermöglichen würde. Auf diese Weise stellten weibliche Beamt:innen eine wirtschaftliche und soziale Bedrohung für traditionelle Vorstellungen von amerikanischer Männlichkeit dar, die an den Broterwerb gebunden waren. Ermittlungen gegen sie wurden zu einem Mechanismus zur Durchsetzung von Gendernormen und heterosexuellen Beziehungen.«

Vor diesem realen historischen Hintergrund der Hexenverfolgungen erscheint es umso perfider, wenn Männer in Machtpositionen eine derartige Täter-Opfer-Umkehr betreiben und sich selbst als Opfer einer Hexenjagd stilisieren. Wie zum Beispiel Woody Allen, der alle Begriffe der Umdeutung zusammen aufführt, um Missbrauchsvorwürfe gegen ihn abzuwehren. Der Filmemacher wird schon seit drei Jahrzehnten beschuldigt, seine damals siebenjährige Adoptivtochter sexuell missbraucht zu haben, wie es das Mädchen Anfang der Neunzigerjahre den Behörden geschildert hatte und 2014 in einem offenen Brief in der *New York Times* wiederholte. Allen verlor zwar den Sorgerechtsstreit um seine Adoptivtochter, doch den Missbrauchsfall brachte die Staatsanwaltschaft gar nicht erst zur Anklage. Den Aussagen des Mädchens wurde nicht geglaubt, der Mutter schon gar nicht. Ein Abschlussbericht urteilte sogar, das Kind sei von seiner Mutter instrumentalisiert worden, um dem Vater zu schaden. Auch wenn die Staatsanwaltschaft am Ende doch noch einen hinreichenden Verdacht für den Missbrauch feststellte, verzichtete sie auf ein Strafverfahren. Und das, obwohl Allen nachweislich über Nacktbilder seiner anderen, knapp 20-jährigen Adoptivtochter verfügte, mit der er eine Affäre zugab und die er später heiratete.

Im Sommer 2022 kritisierte Woody Allen in einem Interview die *Cancel Culture* gegen ihn: »Ich glaube, dass das eine vorübergehende Phase von Dummheit ist«, sagte er, und »künftige Generationen werden darüber lachen, denn das Ganze ist einfach nur peinlich«. Im selben Interview inszenierte sich Allen als Opfer einer Hexenjagd. Die Anschuldigungen gegen ihn erinnerten an die »antikommunistische Hexenjagd von Senator McCarthy« in den USA der Fünfzigerjahre. Vieles an diesem Interview ist bemerkenswert. Als Erstes die Verachtung, die er seinem Opfer, immerhin seine Adoptivtochter, und allen, die Konsequenzen für den Filmemacher fordern, entgegenbringt. Er bezeichnet es als »Dummheit« und »peinlich«, ihn zur Rechenschaft ziehen zu wollen. Darin steckt nicht nur eine Beschämung der Ankläger:innen, sondern auch eine Bagatellisierung der ihm vorgeworfenen Tat: Woody Allen lacht über seine Opfer. Weder sie noch die Tat nimmt er ernst. Dazu passt, dass er das Interview dem *Playboy* gab. Das ist nicht nur zynisch, sondern heißt auch: Ihr könnt mir gar nichts. Und tatsächlich können die Anschuldigungen ihm kaum etwas anhaben, schon gar keine strafrechtliche Verfolgung. Im Gegenteil: 2014, im selben Jahr also, in dem seine Adoptivtochter ihre Vorwürfe erneuert, erhält Allen den Golden Globe für sein Lebenswerk. Das *Playboy*-Interview, in dem er die Anschuldigungen nochmals indirekt aufgreift, gibt er vier Wochen, bevor sein neuer Film *Rifkin's Festival* im Sommer 2022 in die Kinos kommt – als hätte er es darauf angelegt, mit dem Skandal die Kinos vollzubekommen.

Das ist die Ironie dieser *Cancel Culture* gegen etablierte, »alte weiße Männer«: Sie fallen nach oben. Auf Twitter sammeln User:innen mittlerweile *MeToo*-Fallgeschichten, bei denen es hieß, hier würde willkürlich angeschuldigt und gecancelt. Die vielen Beispiele zeigen, dass selbst erwiesene Übergriffe oft genug keinerlei Konsequenzen für die Gewalttäter nach sich ziehen oder sogar als Karrierebooster wirken: Chris Brown, der ein Album nach dem anderen verkauft, Brett Kavanaugh, der Richter am Supreme Court wurde, Silvester Stallone, der ungehindert seine Filme drehen konnte, sind Namen, die in diesem Kontext zirkulieren. Genauso wie Dustin Hoffman, Johnny Depp oder Steven Seagal.

Und noch etwas fällt auf: Die *Cancel-Culture*-Keule oder den

Hexenjagdvergleich holen immer nur diejenigen hervor, die im Kulturkampf auf der rechten Seite stehen und es für richtig halten, andere Menschen rassistisch, sexistisch, antisemitisch, ableistisch, gayfeindlich oder auf andere Weise diskriminieren und behandeln zu dürfen, als Ausdruck von »Meinungsfreiheit«. Die Kolumnistin des *Spiegel,* Samira El Ouassil, bemerkt in einem Beitrag für *Übermedien*: »Bezeichnenderweise werden organisierte Attacken von Rechtsextremen auf die Standupperin Idil Baydar, Autorin Natascha Strobl oder Aktivistin Luisa Neubauer, die ja tatsächlich zum Zweck haben, unter Androhung von Gewalt die unliebsamen Stimmen der Frauen zum Schweigen bringen, nicht als Ausdruck einer ›Cancel Culture‹ kritisiert. Das ist dann halt ›Hass im Netz‹.«

Der vorläufige Höhepunkt des Backlashs gegen die *MeToo*-Bewegung ist fast zeitgleich mit der Abtreibungsentscheidung des Supreme Courts erreicht und sorgt dafür, dass Frauen sich in Zukunft sehr genau überlegen, was sie öffentlich über wen sagen: In dem Zivilprozess zwischen Amber Heard und Johnny Depp kommt das Gericht am Ende zu dem Urteil, dass Heard ihrem Exmann mehr als 10 Millionen Dollar Entschädigung zahlen muss, weil sie ihn mit Anschuldigungen der häuslichen Gewalt »diffamiert« und so seinem Ansehen als berühmtem Hollywoodschauspieler geschadet habe. Konkret geht es um den Meinungsbeitrag »I Spoke Up against Sexual Violence — and Faced our Culture's Wrath. That Has to Change«, den die Schauspielerin 2018 in der *Washington Post* veröffentlicht hatte.

Was sie darin sagt, ist: »Vor zwei Jahren wurde ich zur öffentlichen Figur, die häusliche und sexuelle Gewalt erlebt hat, und ich bekam die ganze Wucht des Zorns unserer Kultur auf Frauen zu spüren, die sich gegen Gewalt aussprechen.« Außerdem: »Ich hatte die seltene Gelegenheit, in Echtzeit mitzuerleben, wie Institutionen Männer schützen, die des Missbrauchs beschuldigt werden.« Sie erzählt, wie Freund:innen sie gewarnt hatten, dass sie mit ihrer Geschichte nie wieder als Schauspielerin arbeiten würde, und wie sie tatsächlich Jobs und Verträge verlor, wie ihr Engagements aufgekündigt wurden und sie plötzlich als Gesicht einer globalen, auf zwei Jahre angelegten Werbekampagne geschasst wurde. Und genau für diese Systemkritik, dass Frauen, die mit ihren Gewaltgeschichten an die Öffentlichkeit gehen, gesellschaftlich angefeindet und geghostet werden, wirtschaftliche Einbußen und einen Karriereknick in Kauf nehmen müssen und von Institutionen sanktioniert werden, wurde sie jetzt vor Gericht bestraft. Genauer von einer Jury, die sich aus fünf Männern und zwei Frauen zusammensetzte. Heards Meinungsbeitrag liest sich heute wie eine Prophezeiung.

Was auch immer man von Heard persönlich halten mag, im Prozess ging es darum, ob sie bei ihrem Meinungsstück für die *Washington Post* »bösartig« gehandelt habe und in der Absicht, Depp zu verleumden. Dabei erwähnt sie ihren Exmann Johnny Depp mit keinem Wort. Ein Gericht in Großbritannien sah es knapp zwei Jahre zuvor sogar als erwiesen an, dass Depp seine damalige Frau misshandelt hatte. Das britische Boulevardblatt *Sun* dürfe ihn deshalb als »Frauenschläger« bezeichnen. Doch die Betroffene selbst darf es nicht. Das ist nicht von der Meinungsfreiheit gedeckt. Obwohl in dem amerikanischen Prozess sogar Textnachrichten verlesen wurden, in denen Depp einem Freund schreibt: »Lass uns Amber verbrennen!!! Lass sie uns ertränken, bevor wir sie verbrennen!!! Ich werde ihre verbrannte Leiche ficken, um sicherzugehen, dass sie tot ist.« Außerdem wird sie als Hexe diffamiert und der Jagd preisgegeben. Die Nachricht beantwortet sein Freund mit den Worten: »Ganz meine Meinung. Lass uns sicher sein, bevor wir sie zur Hexe erklären.« In sozialen Medien finden regelmäßig Hexenjagden auf Frauen statt. Heard ist da keine Ausnahme.

Dennoch inszenierte sich Johnny Depp als Opfer: »Sie kann als eine Episode in der Geschichte betrachtet werden, die so lange dauerte, wie sie eben dauerte, diese Cancel Culture, die voreiligen Urteile, die im Wesentlichen auf verpesteter Luft beruhen«, kommentierte der Schauspieler, kurz bevor er einen wichtigen Preis entgegennahm. Er prophezeite der *Cancel-Culture*-Bewegung damit ihr Ende, ein Jahr, bevor er den Verleumdungsprozess gegen seine Exfrau gewann. »Die Bewegung ist so außer Kontrolle geraten, dass niemand mehr vor ihr sicher ist. Niemand von euch. Niemand ist sicher. Nur ein falscher Satz, und dir wird der Boden unter den Füßen weggerissen. Das ist nicht nur mir passiert, sondern sehr vielen Leuten«, lamentiert Depp selbstgerecht.

Auch in diesem Fall ist die Ironie kaum zu übersehen. So attestiert *Vanity Fair*, dass Johnny Depp ein »Fading Star«, also ein »verblassender Stern« gewesen sei – bis Amber Heard ihren Meinungsbeitrag in der *Washington Post* platzierte und Depp sie dafür vor Gericht zerrte. Die Schlagzeilen nach seinem Prozesstriumph lauten zum Beispiel: »Johnny Depp's Movie Career to ›Skyrocket‹ after Bombshell Win against Amber Heard«. Darunter: »Beraterin für Imagemanagement sagt, dass Johnny Depp ›der bestbezahlte Schauspieler aller Zeiten‹ werden könnte, nachdem er seine Verleumdungsklage gegen Amber Heard gewonnen hat.« Tatsächlich generierte das livegestreamte Gerichtsverfahren eine unglaubliche Aufmerksamkeit, mit eindeutigen Sympathien für Depp. Heard wurde verspottet, beleidigt, bedroht und mit gewalttätigen Inhalten überzogen, nach jedem einzelnen Prozesstag. Sehr viele der Beiträge, die Heard verspotteten und mobbten, erzielten mehrere zehn Millionen Views. Für zwei Monate dominierte das riesige Medienspektakel weltweit das Internet, war Thema Nummer eins bei TikTok, YouTube, Reddit.

Die symbolische Kraft des Verfahrens geht allerdings weit über die beängstigende Tatsache hinaus, dass selbst eine Celebrity wie Amber Heard einen berühmten und mächtigen Mann wie Johnny Depp nicht ungestraft der Gewalt gegen sie beschuldigen kann. Wenn das aufgeladene Medienspektakel um den Prozess herum eines zeigt, dann, dass sich sehr schnell Mehrheiten gegen Frauen finden lassen, die öffentlich über Gewalt und sexuelle Übergriffe sprechen. Und Massen bilden, die sich auf ein Missbrauchsopfer stürzen, es verhöhnen und schikanieren – ohne Rücksicht auf Verluste. Das Momentum für *MeToo* scheint damit eindeutig vorbei zu sein. Offenbar gibt es doch eine zu große gesellschaftliche Bereitschaft, sich mit Tätern zu solidarisieren, wenn Fangemeinde und Kultstatus groß genug sind.

Amber Heard wurde in einer Orgie der Misogynie und des Sexismus öffentlich gedemütigt und sozial vernichtet. Welche Frau, die Gewalt erlebt hat, will sich das antun? In sämtlichen sozialen Medien, auf TikTok, Twitter, Instagram, Facebook, zirkulieren Videos und Memes, die sich über die Art und Weise, wie Heard ihre Missbrauchserfahrungen vor Gericht schildert, lustig machen. »Das ist das Ende von MeToo, es ist der Tod der gesamten Bewegung«, sagt etwa Jessica Taylor, Psychologin und Autorin von Büchern über Misogynie und Missbrauch, gegenüber dem *Rolling Stone.* Sie berichtet, dass sie schon kurz nach dem Urteil von Hunderten Gewaltbetroffenen kontaktiert worden ist, die ihre öffentlichen Aussagen in der Presse zurücknehmen oder sich aus Gerichtsverfahren gegen die Täter zurückziehen wollen. »Betroffene von Gewalt, die den Prozess und alles drum herum gesehen haben, werden sich genau überlegen, was sie laut aussprechen von dem, was ihnen zugestoßen ist. Sie werden vor Augen haben, dass sie dafür belangt und durch eine Verhandlung geschleift werden könnten für jede kleine Äußerung, von der sie wissen, dass sie wahr ist, aber für die sie dennoch verurteilt werden könnten.« Das Urteil öffne die Schleusen für künftige Verleumdungsklagen. Für viele, die sich gegen Gewalt gegen Frauen einsetzen, bedeuten der Prozess und sein Ausgang das Ende von *MeToo*.

Der Fall Amber Heard ist außerdem Wasser auf die Mühlen von rechtsextremen und maskulinistischen Netzwerken, die damit ihren Propagandafeldzug gegen den Feminismus befeuern. »Antifeministische Kräfte wie der rechtsradikale News-Outlet *The Daily Wire* nutzen diesen Prozess, um Stimmung gegen eine Frau zu machen, die auch als Feministin aufgetreten ist«, warnt die feministische Autorin und Expertin für Rechtsextremismus, Veronika Kracher. *Vice* hat recherchiert, dass *The Daily Wire* viel Geld investierte, um die Propaganda gegen Heard zu unterstützen. Es war also nicht Johnny Depp allein, der sein Vermögen und seinen Einfluss als berühmter Schauspieler nutzte, um die Kampagne gegen seine Exfrau voranzutreiben. Sondern er konnte dabei auf gut vernetzte und wohlorganisierte Unterstützung von rechts zählen.

Das ist keineswegs nur ein amerikanisches Phänomen, auch in Mitteleuropa werden solche misogynen und sexistischen Umdeutungen vorgenommen. Manchmal vielleicht, weil die Person, die so etwas tut, einfach ahnungslos ist und nicht in böser Absicht handeln will, wenn sie zum Beispiel ihren in gendergerechter Sprache verfassten Artikel für ein Studierendenmagazin »Cancel Culture – Moralische Hexenjagd im Netz« betitelt. Doch wenn ein berühmter, vielfach ausgezeichneter Regisseur wie Michael Haneke die *MeToo*-Bewegung als »Hexenjagd, die man im Mittelalter belassen sollte«, »Vorverurteilungshysterie« und »Feldzug gegen jede Form von Erotik« abtut, kann man kaum noch unterstellen, dass er das in einem Anfall von Naivität äußert. »Dieser neue, männerhassende Puritanismus, der im Kielwasser der #MeToo-Bewegung daherkommt, besorgt mich«, so drückt Haneke es im Interview mit dem österreichischen *Kurier* aus und liefert mit wenigen Sätzen viele der gerade besprochenen Umdeutungen gleichzeitig: Männer sind die eigentlichen Opfer, die meisten Anschuldigungen sind grundlose Vorverurteilungen und »Abrechnungen«, die sexuellen Übergriffe eigentlich einvernehmliche Erotik, die männerhassende Puritanerinnen am liebsten abschaffen würden.

Dabei sind es in erster Linie Frauen, die noch heute wie Hexen verfolgt werden. Selbst vom Staat, wie zum Beispiel in China. Dort trifft seit Kurzem eine Welle von Angriffen ganz gezielt Berichterstatterinnen, die sich kritisch mit dem System auseinandersetzen und regelmäßig darüber berichten. Auch hier fühlt sich wohl das – mit überwältigender Mehrheit männliche – Regime, das sich selbst als »kommunistisch« labelt, in seiner politischen Stabilität bedroht. Und zwar von Frauen mit professioneller Autorität: Expertinnen, Journalistinnen, Aktivistinnen werden zum Ziel einer staatlichen Kampagne, online und offline, die sie mundtot machen will. So wurden beispielsweise Journalistinnen, die für große internationale Zeitungen schreiben und teilweise gar nicht in China leben, unter dem Hashtag #Traitor plus Veröffentlichung ihres Namens als Vaterlandsverräterinnen fertiggemacht.

Das Vorgehen gegen Frauen hat System, wie die *Süddeutsche Zeitung* schreibt. Wissenschaftliche Auswertungen von Twittertrollaccounts zeigen, dass die chinesische Regierung Frauen und den Feminismus als systemgefährdend ansieht und sie deshalb mit Hasskampagnen zum Schweigen bringen will. Dafür mache sie sich die frauenfeindliche Stimmung im Netz zunutze. Der staatliche Propagandaapparat versteckt die eigenen Aktivitäten einfach hinter dem ganz normalen Frauenhass im Internet. Journalistinnen werden in Artikeln in großen chinesischen Tageszeitungen an den Pranger gestellt, Freunde und Familie bedroht.

Moderne Hexenjagden finden regelmäßig in sozialen Medien statt. Besonders dramatisch verläuft Mitte 2022 die Hetze gegen eine österreichische Landärztin, die mit einem Tweet über Coronaleugner:innen beginnt und mit dem Suizid der Ärztin endet. Dazwischen liegen nur wenige Monate. Als Befürworterin von Covidmaßnahmen twittert Lisa-Maria Kellermayr über die Proteste von 600 Leugner:innen vor einem Krankenhaus, bei denen auch Zufahrten blockiert werden. Sie postet ein Video von der Protestaktion. Die Polizei in Oberösterreich hält in einem Tweet dagegen, dass eine Rettungszufahrt freigeblieben und Kellermayrs Tweet daher eine »Falschmeldung« sei. Infolgedessen überrollt eine massive Drohkampagne mit ungehemmten Gewaltfantasien die Ärztin und ihre Praxis. Sie wird als »Hexe« beschimpft und muss ihre Praxis schließen. Verzweifelt versucht sie, aus der Situation wieder herauszukommen. Sie löscht den Tweet, der die Welle losgetreten hat, und bittet die Polizei in Oberösterreich, ihrerseits den Twitterbeitrag zu löschen, der ihren – fälschlicherweise, denn es waren Rettungseinfahrten blockiert – als *Fake News* erscheinen ließ: »Dieser Tweet ist Grundlage für eine Flut an Beschimpfungen, Beleidigungen, Verleumdungen, Drohungen und größten Anstrengungen von Anhängern der Szene mir größtmöglichen Schaden zuzufügen. Er dient als Begründung mich eine Lügnerin zu nennen, eine Hexe, die Ordination durch schlechte Bewertungen zu schädigen und vieles mehr. Also wenn jemand von denen seine Drohungen wahr machen sollte, kennen Sie ihren Anteil daran.« Als die Morddrohungen beginnen, sucht Kellermayr Hilfe bei der Polizei, doch die verwehrt ihr den Schutz. Im Gegenteil: Der Polizeisprecher von Oberösterreich unterstellt der Allgemeinmedizinerin gar, sie habe sich »in die Öffentlichkeit« gedrängt, weil sie »ihr persönliches Fortkommen befördern« wolle. Sie trage also eine »Mitschuld« an der Situation. Den Gefallen, den Tweet zu löschen, tut ihr die Polizei schon gar nicht, obwohl sie sieht, in welcher Lage sich die Ärztin befindet.

Die Morddrohungen, die Kellermayr erhält, beinhalten Hinrichtungsfantasien, die eine moderne Version der Hexenfolter sein könnten, der Frauen vor ein paar Jahrhunderten unterzogen wurden. Einer, der sich »Claas der Killer« nennt, schreibt ihr per E-Mail unter der Überschrift »Ich werde dich hinrichten«: »Hallo du dummes Stück Scheisse! … Ich bin bewaffnet und habe eine Schrotflinte. … ich werde als Patient kommen und wenn wir alleine im Besprechungszimmer sind werde ich dich niederschlagen und an deinen Arztstuhl fesseln. Dann darfst du zuerst zusehen wie ich einem deiner Mitarbeiter die Kehle durchschneide. […] Als Ärztin weißt du ja ganz sicher wie eine Lobotomie funktioniert oder? Die werde ich an dir durchführen und in den Kanal an den Augen vorbei den ganzen Rest an Impfstoffen in dein Gehirn pumpen der noch in deiner Praxis vorhanden ist. Und wenn es Liter sind, dein Gehirn wird in Impfstoffen schwimmen. […] So wirst du ganz langsam und sicher sterben und gehst ganz bestimmt in die Kategorie Impfschaden ein.«

Als die Ärztin mit ihren E-Mails zur Polizei geht, sagt diese ihr, das komme aus dem Darknet, da könne man nichts machen. Eine Hackerin aus Süddeutschland recherchiert auf eigene Faust und findet Spuren, die in die rechtsextreme Szene führen. Sie identifiziert sogar die Person, die die zitierte E-Mail an Kellermayr geschickt hat. Doch die Recherche der Hackerin ist der Polizei »nicht stringent« genug. So verliert die Ärztin am Ende alles: ihre Freiheit, ihre Praxis und ihr Leben.

Die Expertin für Rechtsextremismus, Natascha Strobl, die selbst ständig koordinierte Hetzkampagnen über sich ergehen lassen muss, äußert sich bei Twitter über den Fall Kellermayr. Daraufhin trifft die Hetzjagd auch sie. Unter Betreffzeilen wie »Mach die Kellermayr« schreiben Leute: »du grindige hur! wann machst du jetzt endlich die kellermayr? schaden würds nicht wenn man dich auch eines morgens tot auffinden würde. ich würde den ganzen tag das lied ding dong die hex ist tot hören so wie ich es auch schon bei der abgekratzten giftspritzerin gemacht habe. endlich ist die hinüber und ich hoff du nimmst dir ein gutes beispiel da dran du schlampe«. Auch hier finden sich die Elemente der Hexenjagd in einer modernen Variante: die Verbindung von Hexen und Huren, die Profession des Heilens als »Giftspritzerin«, das Hetzen bis in den (vorgestellten) Tod. Darunter kommentiert Strobl: »Es reibt einfach auf. Das Frustrierende ist einfach, dass nie etwas rauskommt, wenn man das anzeigt. Es versandet alles. Und es kostet Zeit und Geld.«

Der Kampf um die digitale Öffentlichkeit

Die Grünen-Politikerin Renate Künast bringt 2019 die Gewalt auf Facebook gegen sie zur Anzeige. Sie fordert Facebook dazu auf, offenzulegen, wer die 22 angezeigten Hasskommentare gegen sie verfasst hat. Doch das Landgericht Berlin weist die Klage mit der Begründung ab, die Äußerungen »Stück Scheiße«, »Schlampe« oder »gehört entsorgt auf dem Sondermüll« seien als »Sachauseinandersetzung« zu werten. »Drecks Fotze« befinde sich haarscharf an der Grenze, es sei aber nicht eindeutig feststellbar, dass es sich dabei um eine »Diffamierung ohne Sachbezug« handele. Den Kommentar »Knatter sie doch mal einer so richtig durch, bis sie wieder normal wird« beurteilte das Gericht als »sachliche Kritik«.

Erst als im Anschluss daran eine Welle der Empörung durch die Medien geht und Künast gegen das Urteil Beschwerde einlegt, revidiert das Berliner Landgericht seine Entscheidung. In 6 von 22 Fällen sei doch von strafbaren Beleidigungen auszugehen, Künast habe damit das Recht auf Auskunft über die Identität der Täter. Das Berliner Kammergericht befand in zweiter Instanz zusätzlich alle anderen Kommentaräußerungen als »massiv diffamierend« und »erhebliche ehrenrührige Bezeichnungen und Herabsetzungen« – die Schwelle zum Straftatbestand der Beleidigung überschritten sie aber noch nicht. Erst Künasts Verfassungsbeschwerde bewegt das Bundesverfassungsgericht Anfang 2022 dazu, die Entscheidungen von Land- und Kammergericht Berlin aufzuheben und zur neuen Entscheidung zurückzuverweisen.

Das heißt: Nach drei Jahren, drei Gerichten, einer Menge Papierkram und Anwaltskosten hat Künast es geschafft, dass – ja, was eigentlich? Dass neu entschieden werden muss, ob die Identität derjenigen, die die Hasskommentare verfasst haben, festgestellt werden kann. Das ist weit entfernt von einer Verurteilung der Täter wegen digitaler Gewalt, noch weiter entfernt vom Ende des Onlinehasses gegen Künast und noch viel weiter vom Ende von Cybergewalt gegen andere Frauen, die nicht über die Ressourcen einer seit Jahrzehnten wehrhaften Politikerin wie Künast verfügen.

Bei Gewalt gegen Frauen im Internet – bei Mordfantasien, Vergewaltigungsdrohungen, sexualisierten Beschimpfungen – kommen zwei Faktoren zusammen, die Anzeigen und Strafverfolgung erschweren. Betroffene werden, wie auch der Fall Künast zeigt, weniger ernst genommen, wenn sie weiblich sind. Das haben wir schon bei Gewalt gegen Frauen in der analogen Welt gesehen. Das, was ihnen in der digitalen Welt passiert, wird oftmals heruntergespielt und als »nicht so schlimm« abgetan – »so ist halt das Internet«. Als wäre es vollkommen normal, dass Frauen als »dreckige Huren« oder »Schlampen« beschimpft werden. Diese Bagatellisierung ist das eine. Das andere ist der Umstand, dass Polizei und Staatsanwaltschaft sehr schlecht aufgestellt sind, wenn es um das Internet geht. Sei es zu erkennen, was im Internet überhaupt als Straftat zu werten ist, zu wissen, welche Foren, Kanäle und Plattformen, welche neuen Formen der digitalen Gewalt von Mobben über Doxen zu Swatten, von Sexting bis Sextortion es gibt oder wie man investigativ recherchiert und Identitäten nachverfolgen kann. Es fehlen Kenntnisse und Kompetenzen auf jeder Ebene. Die Polizei ist online abwesend. Das wird von Expert:innen schon lange kritisiert. So fordert zum Beispiel der Leiter des Instituts für Cyberkriminalität an der Brandenburger Polizei-Hochschule, Thomas-Gabriel Rüdiger, seit Jahren mehr Polizeipräsenz, um »kriminelles Verhalten im Netz zu ent-normalisieren«. Denn die Wahrscheinlichkeit, dass Straftaten überhaupt geahndet werden, »ist bei den meisten Delikten im Netz massiv niedriger als bei vergleichbaren analogen Delikten, von Volksverhetzung bis zu sexuellen Übergriffen«, sagt Rüdiger der *ZEIT*.

Besonders problematisch wird es, wenn Normalisierung im Internet und Bagatellisierung aus der analogen Welt zusammenkommen. Das wird etwa beim Ausspionieren und Stalken deutlich: Laut der Bundestagsreferentin und Expertin für Netzpolitik, Anne Roth, gab es weltweit eine Zunahme von fast 400 Prozent bei Spyware und Stalkingapps innerhalb von nur einem Jahr zwischen 2018 und 2019. 25 Prozent der gesamten Technologien kommen laut Kaspersky in Deutschland zum Einsatz. Beim Stalking im »häuslichen Nahbereich«, wenn also zum Beispiel jemand seiner Expartnerin nachsteigt und sie bedrängt, werden mittlerweile in »nahezu allen Fällen das Internet oder digitale Medien genutzt«, wie die Frauenhauskoordinierung in einer Fachinformation zur digitalen Gewalt von 2021 schreibt.

Auch hier herrscht die Haltung von Behörden vor, dass dies noch unter »in Ordnung« zu verbuchen sei. Handelt es sich beim Stalker nicht um irgendeine Internetbekanntschaft, sondern um den eigenen Expartner, wird das von der Polizei sogar häufig positiv geframed, so die Erfahrung von Anwältin Hedayati: »Sie sind ja frisch getrennt, vielleicht ist es einfach eine Liebesbekundung? Das ist doch romantisch, er will sie halt zurückgewinnen«, sei oftmals eine Reaktion von Polizeibeamt:innen, wenn Frauen nach Hunderten von Nachrichten, die mal in drohendem, mal in flehendem Ton verfasst sind, ihren Stalker anzeigen wollen. Hier verschwimmen die Grenzen zwischen »häuslichem Nahbereich« und digitalem Raum. Die Botschaft verstärkt sich wie in einer Echokammer: Frauen müssen es sich gefallen lassen, ausspioniert und gestalkt zu werden, weil es nicht so schlimm ist, weil niemand etwas dagegen unternimmt, weder präventiv noch repressiv, weil es ohnehin nichts nützt, sich zu wehren. Und das reproduziert die Vorstellung, dass Frauen das Eigentum von Männern sind, auf das man beliebig zugreifen kann.

Die mangelnden Kompetenzen der deutschen Ermittlungsbehörden verdeutlichte auch eine Recherche des *ZDF Magazin Royale* von Jan Böhmermann, deren Ergebnisse in der Show unter dem Titel »Wo die deutsche Polizei bei der Verfolgung von Straftaten im Internet versagt« kurz vor der Sommerpause 2022 ausgestrahlt wurden. In einem deutschlandweiten Experiment engagierte das *Magazin Royale* »in allen Bundesländern 16 Korrespondent:innen, die am 3. August 2021 um 17 Uhr in ihrer örtlichen Polizeiwache dieselben sieben Hasskommentare zur Anzeige vorgelegt haben«, um zu prüfen, »ob Betroffene von Hass im Netz zu ihrem Recht kommen«, was vor allem davon abhänge, »ob die Polizist:innen, an die sie geraten, Straftaten im Netz ernst nehmen und Ermittlungen einleiten – oder nicht«.

Bei den angezeigten Hassbotschaften handelte es sich um Abbildungen von Hakenkreuzen auf Telegram oder explizite Gewaltfantasien und Todesdrohungen mit rassistischem Hintergrund auf Twitter und Facebook – also eindeutig strafrechtlich relevante

Inhalte. Die Ergebnisse der Anzeigen in allen 16 Bundesländern zeichnen ein katastrophales Bild von den Behörden: »Sie haben was im Internet gefunden? Vielleicht mal beim Verbraucherschutz nachfragen?«, schlägt ein Polizist der Korrespondentin patzig-ironisch vor, als sie eine Anzeige gegen die Hasskommentare in Sachsen-Anhalt aufgeben will. Als die Korrespondentin hartnäckig bleibt und mehrmals nachfragt, ob es sich bei den Kommentaren nicht um strafbare Inhalte handle, entgegnet ihr der Polizist: »Ich frag jetzt mal ganz höflich: Haben Sie keine anderen Sorgen?« Ob sie Anzeige erstatten könne? »Nee, dann würden Sie dahinten Schlange stehen.«

Unter den Hassbotschaften aus dem Experiment sind allerdings keine, die explizit gegen Frauen gerichtet sind, obwohl misogyne und sexistische Gewalt die häufigsten Fälle im Internet sind: 70 Prozent der Mädchen und Frauen in Deutschland zwischen 15 und 24 Jahren haben bereits digitale Gewalt und Belästigung in den sozialen Medien erlebt, am häufigsten auf Instagram, Facebook und YouTube, wie der *Spiegel* schreibt. Die Beratungsstelle bei digitaler Gewalt, HateAid, die auch Renate Künast begleitet hat, sieht ebenfalls einen deutlichen Geschlechterunterschied. Unter denjenigen aus der Beratung, die Prozesskostenhilfe benötigen, sei der Anteil an Frauen mit 73 Prozent besonders hoch, sagt Anwältin Josephine Ballon: »Das bestätigt uns stark in der Annahme, dass die Inhalte häufiger justiziabel, rechtlich relevant sind und deswegen auch krasser.« Laut Untersuchungen von HateAid sagen 88 Prozent derjenigen, die schon Hassrede im Internet wahrgenommen haben, dass sie sich gegen Frauen richtete. Am häufigsten treffe es marginalisierte Gruppen und Politikerinnen, Journalistinnen, Aktivistinnen oder LGBTQ+-Personen. Anders als bei Männern finde eine inhaltliche Auseinandersetzung kaum statt. »Bei Frauen geht es direkt unter die Gürtellinie«, so Ballon. Ein Drittel der Kommentare, mit denen sich Frauen an sie wenden, richtet sich gegen ihr Aussehen und gegen ihr Geschlecht: »So was sehen wir bei Männern nicht. Das ist ein ganz struktureller Unterschied.«

Das Experiment des *Magazine Royale* zeigt die fehlende Bereitschaft von Beamt:innen, bei digitaler Gewalt zu ermitteln, und steht leider exemplarisch für die grundsätzliche Haltung der Polizei in solchen Fällen. »Die Ergebnisse des Experiments sind erschreckend, aber nicht überraschend: Wir erleben in unserer Beratung seit Jahren, dass Betroffene von Polizei und Strafverfolgungsbehörden nicht ernst genommen werden und mit dem Hass allein bleiben. Digitale Gewalt wird noch immer verharmlost, dabei ist sie brandgefährlich: Sie bedroht unsere Demokratie, vergiftet das gesellschaftliche Klima und kann im schlimmsten Fall auch in analoge Gewalt umschlagen, wie etwa der Mord an Walter Lübcke zeigt«, sagt die Geschäftsführerin von HateAid, Anna-Lena von Hodenberg.

Auch bei anderen staatlichen Institutionen zeigt sich ein ähnliches Bild. So werden Zahlen zur digitalen Gewalt gar nicht erst erfasst, wie auf den Seiten des Familienministeriums zu lesen ist. »Die Datenlage in Deutschland zum Thema geschlechtsspezifische digitale Gewalt ist spärlich. Aus vereinzelten Studien zu einzelnen Unterformen digitaler Gewalt oder aus dem Ausland können jedoch einige Erkenntnisse gezogen werden«, heißt es in einer Stellungnahme des Bundesverbands Frauenberatungsstellen und Frauennotrufe zum Fragenkatalog für die öffentliche Anhörung des Ausschusses Digitale Agenda 2021. Dabei scheinen Ausmaß und Folgen den staatlichen Stellen durchaus bewusst zu sein, wie das Gutachten »Geschlecht und Gewalt im digitalen Raum« zum

Dritten Gleichstellungsbericht der Bundesregierung von 2020 nahelegt. Darin steht: »Frauen erfahren digitale Gewalt und Hate Speech – alleine weil sie im Netz sichtbar sind. Auch weniger prominente Personen erfahren sexualisierte Gewalt, wenn sie sich gesellschaftlich, insbesondere feministisch, engagieren. Sexismus, Rassismus, Ableismus und Anfeindungen gegen Queers sind dabei verschränkt und zielen auf ein Herausdrängen aus dem Netz als wichtigen demokratischen Diskursraum.«

Die Konsequenz von der Straflosigkeit durch Untätigkeit ist, dass sich generell das Empfinden breitmacht, beim Internet handele es sich um einen rechtsfreien Raum. Straftaten, die nicht verfolgt werden, sind Bagatelldelikte, so die Botschaft – auch wenn gar keine absichtliche Bagatellisierung dahinter steht, sondern die Unfähigkeit der Strafverfolgungsbehörden. Und so kann es passieren, dass »bestimmte kriminelle Handlungen im Netz Normalität sind, Sie diese gar nicht mehr bewusst wahrnehmen. Beleidigung in Kommentarspalten, sexuelle Belästigung in Dating-Apps, Betrugsversuch per Phishingmail«, warnt der Cyberkriminologe Rüdiger. »Die Normalität von Normenbrüchen im digitalen Raum muss generell diskutiert werden. Sexuelle Übergriffe in sozialen Medien, toxisches Verhalten auf Gaming-Plattformen – gerade Kinder gewöhnen sich daran, täglich mit kriminellem Verhalten konfrontiert zu sein.« Die Normalisierung von Gewalt gegen Frauen im Netz ist ein gefährlicher Trend, denn sie erhöht unsere Wahrnehmungsschwelle für Gewalt insgesamt. Auch hier verschieben sich die Grenzen des Sagbaren immer weiter – und damit auch die Grenzen des Machbaren.

Deshalb ist es fatal, wenn Frauen einerseits die größte von digitaler Gewalt betroffene Gruppe sind und gleichzeitig keinerlei Möglichkeit haben, sich dagegen zu wehren. Eine Untersuchung im Auftrag von HateAid im Jahr 2021 hat nach den direkten Folgen von digitaler Gewalt gefragt. Besonders für Frauen bedeutet sie einen großen rechtlichen Rückschritt. Mehr als die Hälfte von ihnen äußert sich demnach vorsichtiger im digitalen Raum: »Durch Hetze werden Menschen gezielt zum Schweigen gebracht und aus den sozialen Medien verdrängt. Diese Entwicklung ist – vor allem bei Frauen – in der Untersuchung erkennbar: Aus Angst vor Hass äußern 52 Prozent der Frauen ihre Meinung im Internet seltener. Unter den männlichen Befragten gaben etwa 43 Prozent an, ihre Meinung weniger zu äußern.« Frauen ziehen sich eher aus dem politischen Diskurs zurück oder zensieren sich selbst. Die Anwältin Ballon beunruhigt vor allem die Entwicklung, dass Betroffene immer seltener Strafanzeigen stellen wollen. »Das bringt doch nichts«, sei die Erfahrung von vielen.

Die indirekten Konsequenzen sind kaum zu ermessen, wenn ein großer Teil der Bevölkerung aus dem wichtigsten demokratischen Diskursraum gedrängt wird, das Recht auf Meinungsfreiheit nicht mehr frei ausüben kann, sich selbst zensiert, sich weniger beteiligt oder gar nicht anwesend ist, wo Politik und Gesellschaft verhandelt werden. Hier geht es um nichts weniger als die Frage: Wem gehört die digitale Öffentlichkeit?

Frauen werden angefeindet, wenn sie sich politisch äußern, zu ganz bestimmten Themen wie Feminismus, LGBTQ+, Migration, oder wenn sie mit professioneller Autorität in früheren Männerdomänen in Erscheinung treten, wie Politikerinnen oder Sportkommentatorinnen. Sie werden nicht angefeindet, wenn sie Schminktipps geben. Frauen sind online also nicht per se Hass und Hetze ausgesetzt, weil sie Frauen sind – sondern weil sie Frauen sind, die sich außerhalb der von ihnen erwarteten Rolle bewegen. Das heißt, weibliche Stimmen werden gezielt aus bestimmten Bereichen verdrängt. Übrig bleiben solche, die im Beauty- und Lifestylebereich aktiv sind, wo sie unbehelligter auftreten können, als Influencerinnen und nicht als politische Aktivistinnen. Das Motto der frühen toxischen Männerforen – »Tits or get the fuck out« – droht sich wieder durchzusetzen. Frauen dürfen in »Männerdomänen« sexuelle Inhalte beisteuern, aber keine politischen. Was früher als extrem galt, wird gerade Mainstream.

»Bevor DU dein dummes, dreckiges Maul im Fernsehen aufmachst lerne erst mal richtig FICKEN und Schwänze blasen. Hast DU das jetzt begriffen??? FUCK FOR FUTURE«, ist ein Beispiel für eine typische Hassbotschaft, die sichtbare, politisch aktive Frauen regelmäßig zu lesen bekommen. Diese ging an Emily Laquer, eine linke Aktivistin, die bei den Blockaden gegen den G20-Gipfel in Hamburg 2017 mitmischte. Ende 2021 veröffentlichte sie bei Twitter unter der Überschrift »Screenshots aus meinem Posteingang, weil ich rechte Gewalt gegen Frauen nicht schweigend akzeptieren werde« verschiedene solcher an sie adressierter Nachrichten. HateAid zitiert eine von ihnen mit ziemlich expliziter Gewalt gegen »Aktivistin Anna G.« als exemplarischen Fall: »Hallo Anna*! ... Lösch am besten deine gesamte Internetpräsenz dann wird deine Hinrichtung weniger bestialisch. Ansonsten werden wir dich wohl in einem Keller festbinden, deine Schamlippen erst einmal mit einem Elektroschocker knusprig braten und dir zum Essen vorsetzen. Anschließend schneiden wir dir ein paar Zehen ab und machen einen Döner daraus der dir ebenfalls vorgesetzt wird. Das ganze wird sehr lange dauern, bestimmt ein oder zwei Wochen und endet dann damit dass wir deinen Schädel knacken und dein Gehirnwasser trinken. Dein Gehirn wird ausgelöffelt wie bei einem Affen während du noch lebst.«

Nicht alle Gewalt ist organisiert, aber wie dieses Beispiel und viele andere uns immer wieder vor Augen führen, gibt es ein geplantes Vorgehen von rechten Akteuren gegen prominente Frauen. Es wird versucht, sie ganz gezielt – mit Absicht – aus bestimmten Bereichen zu verdrängen, von Natascha Strobl über Jasmina Kuhnke bis Dunja Hayali und Sawsan Chebli. Die letzten drei verkörpern gleich mehrere unliebsame Merkmale: Sie sind PoC, erfolgreich und positionieren sich gegen Rassismus und Rechtsextremismus. Auch im Fall von Heard vs. Depp wurde von rechten Medien Stimmung gegen die Schauspielerin gemacht und das Narrativ des Prozesses mit einer Hetzkampagne durch eine Armee von Bots geprägt, wie mehrere investigative Untersuchungen zeigen. Hetzkampagnen beginnen also zunächst koordiniert und entwickeln dann eine Eigendynamik, auf konzertierte Aktionen springen private Hater auf. Der Hass auf Frauen im Internet wird bewusst eskaliert, und es wird bewusst darauf gesetzt, dass Shitstorms außer Kontrolle geraten.

Dafür gibt es sogar eine Anleitung, ein »Handbuch des Hasses«, wie die *Süddeutsche Zeitung* recherchiert hat. Seit einigen Jahren ist es bereits im Umlauf. Darin wird Schritt für Schritt beschrieben, wie man »den Gegner« bekämpft und fertigmacht: »Die Datei enthält Formulierungen, die aus der Kriegsführung stammen. Das Handbuch empfiehlt, dass Nutzer den Accounts ihrer Gegner folgen sollen, ›insbesondere den Grünen, bekannten Feministinnen, Regierungslakaien‹ …« Zunächst solle die »Zielperson« in eine Diskussion verwickelt werden. Als nächste Schritte werden »Reizen« und »Beleidigen« empfohlen. »Und da ziehe jedes Register. Lass nichts aus. Schwacher Punkt ist oftmals die Familie«, so rät das Hasshandbuch dem Trollnachwuchs. Außerdem gibt es Tipps: Zum Beispiel sollten Trolle auf offenen Plattformen nicht mit Dingen drohen, die sie nicht einhalten könnten. Sondern stattdessen lieber die Gegenseite dazu verleiten, mit Gewalt zu drohen, um anschließend deren Account sperren zu lassen. Sehr wirksam seien auch Fake-Accounts, bei denen Profilbild und Name von Opfern geklaut werden, um darüber möglichst dumme und bizarre Sachen zu posten.

»Online-Stalker und Verleumder sind in Deutschland sicher. Wir machen die Arbeit der Polizei und Staatsanwaltschaften«, erklärt Anke Staffeldt gegenüber der *Süddeutschen Zeitung.* Sie gehört einer privaten Initiative an, die versucht, Identitäten, Vorgehen und Netzwerke von Personen aufzudecken, die gezielt Onlinehetze betreiben, um Frauen wie die Ärztin Lisa-Maria Kellermayr zum Schweigen zu bringen. Als sich Staffeldt vor der Bundestagswahl 2017 einen Twitteraccount zulegte, um etwas gegen die Propaganda der AfD zu unternehmen, geriet sie selbst ins Visier der rechten Hetzer. Seitdem erhält Staffeldt Morddrohungen und Vergewaltigungsverwünschungen. Hinter dem Hass stecke ein System, das von Rechten aufgebaut und täglich befeuert werde, so Staffeldt.

Wir können in Echtzeit beobachten, wie der Diskurs immer weiter nach rechts verschoben wird und Frauen als politische Gegnerinnen fertiggemacht werden, weil sei Frauen sind, die ihre Stimme erheben. In dem 2021 erschienenen Sammelband *Geschlechtsspezifische Gewalt in Zeiten der Digitalisierung* wird Hassrede im Internet als gezielt eingesetztes Instrument definiert, um rechtspopulistische und rechtsextreme Interessen durchzusetzen: »Hate Speech zielt darauf ab, bestimmte Meinungen, Bewegungen, Personen und/oder Personengruppen abzuwerten. Sie ist eine Form der gruppenbezogenen Menschenfeindlichkeit und wird vielfach von rechtsextremen und rechtspopulistischen Akteur*innen koordiniert eingesetzt, um Menschen einzuschüchtern bzw. bestimmte Meinungen zu manipulieren und scheinbar alternative Narrative zu entwickeln.« Dahinter steht ein rechtes Weltbild, in dem Frauen ihren festen Platz haben, nicht im Beruf auf derselben Stufe von Männern, sondern im Heim am Herd, im Dasein für Mann und Kinder.

Konzertierte sexistische Hetzaktionen haben in den letzten Jahren besonders Politikerinnen der Grünen getroffen: Sarah-Lee Heinrich, Claudia Roth, Renate Künast, Ricarda Lang. Das Vorgehen folgt dabei immer demselben Skript: Im ersten Schritt wird die zu diskreditierende Person an den Pranger gestellt, entweder indem ein alter Tweet ausgegraben und in einem verfälschten Kontext wiedergegeben wird – eine Methode der stereotypen Versatzstücke, die die Nazis in den 1930er-Jahren zur Perfektion brachten. Oder wenn sich kein belastender Tweet finden lässt, wird ein Zitat fabriziert. Bei Renate Künast war es: »Komma, wenn keine Gewalt im Spiel ist, ist der Sex mit Kindern doch ganz ok. Ist mal gut jetzt.« Diesen Satz hat sie nie geäußert, aber auch mit einem Fake kann eine Welle an sexistischen Beschimpfungen und Drohungen losgetreten werden. Claudia Roth wurde eine Aussage untergeschoben, dass sie ein Alkoholverbot während des Fastenmonats Ramadan einführen wolle. Ebenfalls frei erfunden. Solche Zitate werden häufig in Bildmontagen eingebaut und über reichweitenstarke rechte Accounts verbreitet, bis sich ein Sturm entfesselt und private Hater den Rest erledigen. Ex-CDU-Politikerin Erika Steinbach etwa schlug Claudia Roth nach Verbreitung der Falschaussage vor, sie solle eine Burka tragen und zum Islam konvertieren. Damit waren dem Hass Tür und Tor geöffnet. Diese Methode funktioniert so gut, dass Frauen dadurch regelmäßig zum Rückzug aus dem Internet, manchmal sogar aus ihrem neuen Job gezwungen werden.

So lief es etwa bei Sarah-Lee Heinrich, als die gerade einmal 20-Jährige Ende 2021 zur Bundessprecherin der Grünen Jugend gewählt wurde. Als klar wurde, dass eine Schwarze Frau das Amt übernehmen sollte, durchsuchten Rechte ihre Accounts, bis sie fündig wurden: Mit 13 hatte Heinrich mal ein »heil« unter ein Hakenkreuz gesetzt, außerdem die Begriffe »schwul«, »Tunte« und »behindert« in mindestens fragwürdiger Art und Weise verwendet. Für eine Politikerin ein No-Go, für eine 13-jährige Heranwachsende aber verzeihbar. Deshalb werden solche »Enthüllungen« als manipulierte Screenshots verbreitet, wie die Medienexpertin Tajana Graovac vom No Hate Speech Movement dem *Deutschlandfunk* erklärt: »Man schneidet die Zeit und das Datum ab, damit die irgendwie auch aktuell aussehen. Es werden teilweise Wörter weggelassen, damit die Tweets noch schlimmer klingen. Und das zieht dann wirklich Kreise.« Heinrich war sofort klar, dass es sich um eine orchestrierte Aktion von rechts handelte. »Haben wohl Bammel vor einer schwarzen, linken Frau«, schrieb sie. Dennoch: Als der Sturm erst wütete, musste Heinrich kapitulieren, ihr blieb kaum eine andere Wahl, als sich für einige Zeit aus der Öffentlichkeit zurückziehen, nachdem sie Morddrohungen erhalten hatte. »Jetzt geht es erst einmal darum, alles für ihre Sicherheit zu tun«, kommentierte die Grüne Jugend. »Das ist koordiniert. Und es ist tatsächlich auch immer das gleiche Schema, und das geht fast immer nach der gleichen Dynamik«, so Medienexpertin Graovac über den Fall.

Doch die wohl am krassesten betroffene Politikerin ist Ricarda Lang. Regelmäßig werden ihr gefakte Zitate in den Mund gelegt. Am wirksamsten sind solche, die etwas mit ihrem Gewicht zu tun haben: »Ricarda Lang zur Inflation: ›Einfach Portionen verkleinern‹« ist ein Beispiel von 2022. Doch nicht erst, seit sie Bundesvorsitzende der Grünen ist, trifft sie der Hass. »In den letzten 24 Stunden wurde ich beschimpft, sexistisch beleidigt und bedroht. Ich wurde als Fotze, Hure, Miststück, Fettwanst und Bastard bezeichnet. [...] Mir wurde hunderte Male der Tod gewünscht, oft mit einer genauen Beschreibung, wie er aussehen soll. [...] Dass man Menschen wie mich mit den Flüchtlingen zusammen im Mittelmeer ertränken sollte. Dass ich mich bestimmt nur für Menschenrechte einsetze, weil ich will, dass ganz viele Vergewaltiger kommen, da mich ja sonst eh nie jemand ficken würde«, postete die Politikerin am 4. August 2018 auf Facebook. Sie war 24 Jahre alt und wie Sarah-Lee Heinrich Bundessprecherin der Grünen Jugend. In ihrem Büro gingen damals E-Mails mit Botschaften ein wie: »Ihr ekelhaften Huren gehört mit Säure entstellt und dann im Kerker angekettet, bis ihr lebendig verfault.« Absender: adolf.hitler@nsdap.de. Ricarda Lang hatte vorgeschlagen, Klimaflüchtlinge nach Europa zu bringen und ihnen hier Asyl zu gewähren. Das war der Grund für den Shitstorm, oder besser: der Auslöser.

Die wirklichen Gründe für Onlinehetze gegen Politikerinnen wie Lang sind, dass Frauen in männerdominierten Bereichen erfolgreich sind und Männer dies als Bedrohung empfinden. Lang ist als Frau besonders exponiert, weil sie gleich mehrere Merkmale verkörpert, die wie ein Lockmittel auf rechte Cybertrolle wirken: Sie spricht zu Migrationsthemen, war frauenpolitische Sprecherin der Grünen, ist jung und schon Vorsitzende ihrer Partei, außerdem geoutet bisexuell und mehrgewichtig. Mit all diesen Eigenschaften bedroht sie Weltanschauung und Ideologie von autoritär eingestellten Rechten und Konservativen: Frauen sollen nicht gleichberechtigt und schon gar nicht in Männerdomänen erfolgreich sein, sie sollen nicht in der Öffentlichkeit stehen, sich nicht für andere Frauen einsetzen, nicht gegen die heteronormative Ordnung verstoßen. Stattdessen sollen sie für Männer da und nach männlichen Idealvorstellungen schön sein. Daher versuchen rechte Hater, Frauen die Kompetenz abzusprechen und sie als weibliche Autorität lächerlich zu machen, indem sie sie sexualisieren, auf ihren Körper reduzieren. Es geht also bei der Hetze gegen Frauen im Internet niemals um eine inhaltliche Auseinandersetzung, nicht einmal beim Daueraufregerthema Migration.

Das zeigt auch die letzte Hetzaktion gegen Lang, bevor die junge Politikerin mit ihrer Partei in die Regierung gewählt wurde. Der Hashtag #RicardaLang war zu dieser Zeit wöchentlich in den Twittertrends. Einmal war Lang in der Talkrunde »Hart aber fair« zur Klimapolitik aufgetreten. Ein gefundenes Fressen für die Cybertrolle: Indem sie Lang für ihre Figur mobbten und dabei Bezug zum Klima herstellten, gelang es ihnen, einen Shitstorm auszulösen. *Bodyshaming* und Sexualisierungen zielen darauf, eine Person maximal zu beschämen, indem ihr intimster Bereich angegriffen wird. Wenn ich Scham empfinde, möchte ich am liebsten verschwinden, »im Erdboden versinken«. Deshalb ist Beschämung das Mittel der Wahl, wenn ich erreichen möchte, dass jemand sich selbst zensiert, sich unauffällig und leise verhält, den Blick senkt, keinen Raum einnimmt, sich dünn macht, sich selbst zum Verschwinden bringt. Deshalb ist Shaming eine der wirksamsten Waffen im Kampf um die digitale Öffentlichkeit. Beschämte Personen beobachten und reflektieren das eigene Verhalten ununterbrochen, um keine Angriffsfläche zu bieten. Sie tun dies aus den Augen derjenigen, die sie beschämen. Scham hat also etwas mit einer Norm zu tun, die gebrochen wird – was diese Norm ist, legen diejenigen fest, die andere mit Erfolg shamen.

Bodyshaming ist genau wie *Catcalling* eine Strategie, Frauen zu demonstrieren, dass Männer die Macht haben, deren Körper zu beurteilen und zu kommentieren. Männer bestimmen, was attraktiv ist, was die Norm sein soll. Es ist also nicht nur für rechtsextreme Männer verlockend, auf diese Weise Macht auszuüben. Und es ist kein Zufall, dass *Bodyshaming* eine junge und erfolgreiche Grünen-Politikerin trifft. Dahinter steht der Gedanke, dass ihr dieser Erfolg nicht zusteht, dass sie besser keine Politik machen, sondern sich stattdessen um ihren Körper kümmern sollte, damit er männlichen Ansprüchen genügt. So wird der weibliche Körper von Männern reguliert und kontrolliert. Der Körper wird in reaktionärer Weise als das wichtigste Kapital von Frauen konstruiert, ohne dass dies explizit gesagt werden müsste – es wird implizit einfach vorausgesetzt und dadurch überhaupt erst gesetzt.

Was online stattfindet, ist also die digitale Seite des Backlashs. Dieser Rückschlag gegen die Rechte von Frauen und anderen Minderheiten hat sich lange angekündigt, in den dunkelsten Ecken des virtuellen Raums braut sich seit Jahren geballter Hass zusammen. Das wurde viel zu lange unterschätzt und tatenlos hingenommen, jetzt bricht der Hass sich Bahn.

Die Möglichkeiten des Internets, sich Gehör zu verschaffen, zusammenzuschließen und zu organisieren, die Frauen eine Zeit lang für ihre Rechte zu nutzen wussten, werden durch Gewalt und Hetze sehr effektiv begrenzt. Dabei machen sich die frauenfreien Räume bezahlt, die sich seit Jahren in der »Mannosphäre« mehr oder weniger unbehelligt heranbilden konnten, in denen unter dem Banner der Meinungsfreiheit gegen »politische Korrektheit« und Feminismus polemisiert und Gewalt gegen Frauen verherrlicht wird, wie ich in *Politische Männlichkeit* zeige. Bei der Mannosphäre handelt es sich um Foren, die auf sogenannte Männerthemen ausgerichtet sind, es geht dort um männliche Überlegenheit und weibliche Minderwertigkeit. »Meinungsfreiheit« heißt hier, dass der virtuelle Raum absolut frei sein soll von jeglichen Beschränkungen. Mit der Freiheit, zu hetzen schränken Autoritäre die Freiheit ein, sich zu äußern. Die ausufernde anonyme Welt der Misogynie, in der frauenfeindlicher Hass ganz normal ist, bisher ein Paralleluniversum im Internet, droht, sich auszubreiten und Frauen vom Diskurs auszuschließen – trotz der Bemühungen, radikalen Äußerungen die Plattform zu entziehen. Dieses Universum der Mannosphäre, wo sich Rechtsextreme, *Incels* und *Male Supremacists* tummeln, stellt den Nährboden für koordinierte Hetzkampagnen dar. Sie verfügen über die zahlenmäßige Macht und das organisierte Netzwerk für schlagkräftige Hetzjagden.

Die Mannosphäre ist seit 15 Jahren eine Brutstätte des Hasses gegen Frauen. Digitale Gewalt und Misogynie verstärken sich hier. Expert:innen verzeichnen eine zunehmende Onlineradikalisierung von *Male Supremacists*, die sich in immer »toxischeren« Inhalten und einer drastischen Zunahme von Hassreden äußert, wie die Studie »From Pick-Up Artists to Incels« von 2020 über die Mannosphäre zeigt. Dafür hat ein internationales Team von Wissenschaftler:innen fast 40 Millionen Posts aus verschiedenen Foren der Mannosphäre ausgewertet.

Zwei Komponenten bringen dabei eine Radikalisierungsspirale in Gang: Auf thematisch organisierten Plattformen treffen Gleichgesinnte aufeinander. Nehmen wir als Beispiel eines der zahllosen Foren oder Unterforen, bei denen es um die Minderwertigkeit von Frauen geht. Dort werden biologistische »Erkenntnisse« verbreitet, warum Männer höherwertig und überlegen sein sollen. Es werden Videos und Bilder geteilt, auf denen zu sehen ist, wie

Frauen Gewalt angetan wird, manche zeigen echte Vergewaltigungen oder Morde. Sexistische Stereotype und Herrschaftsfantasien werden auf diese Weise reproduziert.

Auf eine solche Plattform gelangt ein junger Mann, vielleicht noch in der Pubertät, der bereits misogyn eingestellt ist – er mag gleichaltrige Mädchen nicht, weil diese sich nicht für ihn interessieren. Deshalb findet er das Forum. Und hier tauscht er sich nun mit Gleichgesinnten aus, die ihn verstehen. Mit ihnen vernetzt er sich. Es gibt kein Korrektiv, niemanden, der abweichender Meinung wäre und sich gegen die Abwertung von Frauen positionieren oder krude Theorien hinterfragen würde. So verstärken sich die misogynen und sexistischen Weltbilder gegenseitig, neue Ideen lassen die frauenverachtenden Ideologien anwachsen und immer extremer werden. Gleichzeitig isoliert sich der junge Mann, verlagert seine gesamte Community in die digitale Welt. In der analogen Welt fehlen ihm dadurch die sozialen Skills, er wird von Gleichaltrigen als merkwürdig wahrgenommen, weshalb er sie meidet und sich noch weiter isoliert. Nur so lässt sich das abstruse und geschlossene Weltbild etwa von *Incels* erklären, die beispielsweise glauben, dass Frauen keine richtigen Menschen sind, weil sie von Natur aus triebgesteuert, oberflächlich und auf Alphamänner fixiert seien und bei ihnen eine Art evolutionsbiologisches Programm ablaufen würde. In der Sprache der *Incels* werden Frauen deshalb »Femoids« genannt: weibliche Roboter.

In den Foren herrscht außerdem dieselbe Aufmerksamkeitsökonomie, wie sie auch ein Algorithmus bei YouTube bedient: Die extremsten Inhalte generieren die meisten Klicks. Durch den Normalisierungseffekt – je öfter man extreme Inhalte sieht, desto mehr gewöhnt man sich an sie – müssen die Posts immer radikaler werden, um Aufmerksamkeit zu bekommen. Solche Foren entwickeln eine regelrechte Sogwirkung auf junge Männer, so lässt sich ihr Zulauf erklären. Sie fühlen sich in der Gruppe der Gleichgesinnten aufgehoben, bekommen die Anerkennung und Aufmerksamkeit, die die Gesellschaft ihnen in ihrer analogen Welt verwehrt. Hier kommt ihnen die Bedeutung zu, die sie meinen, verdient zu haben, weil sie männlich sind.

Das ist für solche Männer attraktiv, die in ihrer Männlichkeit verunsichert sind und sich von Frauen bedroht fühlen. Es macht sie ansprechbar für autoritäre Bewegungen, vor allem für rechte Gruppierungen, die ganz gezielt in diesen Männlichkeitsforen ihren Nachwuchs rekrutieren. Die Männergemeinschaft ist deshalb ein idealer Rekrutierungspool, weil hier ein bestimmtes Mindset vorherrscht, durch das sie für Verschwörungserzählungen offen sind und für rechte Propaganda empfänglich. Männer, die an ihrer Männlichkeit zweifeln, glauben zum Beispiel eher, dass »Ausländer« ihnen die Frauen wegnehmen.

In den USA hat die rechte Bewegung vorgemacht, wie gut das funktioniert: Anhänger der Alt-Right haben ganz gezielt in der maskulinistischen Szene gefischt, um Stimmen für Donald Trump zu mobilisieren. Am Ende spielte die Onlinebewegung der Pick-Up Artists »eine große Rolle dabei, Trump von einer zweitrangigen Figur der Spätnachrichten zu einem brauchbaren Präsidentschaftskandidaten zu machen«, wie Autorin Siyanda Mohutsiwa kommentiert, die die Onlineradikalisierung junger weißer Männer über Jahre beobachtet und im Kontext der US-Wahlen umfassend analysiert hat. Hegemoniale Männlichkeit wird so zur »Einstiegsdroge« für rechtsextreme Ideologien. Das Ausmaß dieser Querverbindungen zwischen misogynen Maskulinisten und misogynen Rechtsextremen ist dabei kaum zu überschätzen.

Frauenhass und Antifeminismus in der digitalen Welt wirken in die analoge Welt hinein. Gewaltfantasien, die vorher im Internet geteilt wurden, werden in die analoge Tat umgesetzt. Das zeigt auch die oben zitierte Studie von 2020, in der fast 40 Millionen Posts in der Mannosphäre ausgewertet wurden: Die gezielten und gut koordinierten Mobbingkampagnen und Verbreitungsoffensiven von extremistischen Ideologien der männlichen Suprematie im Netz führen auch zu Gewaltausbrüchen in der »realen Wirklichkeit«, wie die Studie es nennt. Das lässt sich besonders gut bei Onlinepornografie beobachten, die inflationär zu finden ist, selbst auf Twitter. In den allermeisten Fällen wird Sex gezeigt, der für Frauen demütigend, gewaltvoll und nicht einvernehmlich ist. Männliche Jugendliche und Erwachsene ahmen das in ihrem Intimleben nach und denken, Sexualität wäre in dieser Form ganz normal, wie eine Studie der Middlesex University London 2017 herausfand.

Incels, die sogar Anschläge auf Frauen begehen, mögen mit ihren misogynen Weltanschauungen extrem sein, doch der Nährboden für ihre Ideologien liegt in unserer Gesellschaft, in der Sexismus und die Herabwürdigung von Frauen immer noch weitverbreitet sind. Es gibt also einen graduellen Unterschied zwischen *Male Supremacists* und durchschnittlichen Männern, aber keinen wesentlichen. Was sie miteinander verbindet, ist ihre männliche Sozialisation, dass sie mit einem Anspruch gegenüber Frauen erzogen werden. Bei *Incels* hat sich der männliche Anspruch auf Frauenkörper radikalisiert: Der Kern ihres Hasses auf das weibliche Geschlecht ist ihre Überzeugung, Frauen würden ihnen Sex schulden, was diese ihnen unrechtmäßig verweigern.

Das Gefährliche am viralen Hass auf Frauen ist, dass die misogynen Botschaften in die Mitte der Gesellschaft sickern. Sie wirken auf die breite Gesellschaft zurück, aus der sie kommen. Wenn zum Beispiel nichts gegen das massive Onlinemobbing von Frauen unternommen wird oder Frauen abwertende Kommentare in sozialen Medien einfach stehen gelassen werden, führt dies dazu, dass Misogynie und Sexismus zur Norm werden. Das hat verheerende gesamtgesellschaftliche Konsequenzen für die Einstellungen gegenüber Frauen, Feminismus, Gleichberechtigung.

Das Phänomen der Onlineradikalisierung zeigt am deutlichsten die Spannung zwischen diskursiv überwundenem, faktisch aber noch bestehendem Patriarchat. In diesem Fall bedeutet »faktisch«, dass viele User immer noch eine zutiefst patriarchale Weltanschauung vertreten, teilen und ins Extreme treiben. Gleichzeitig scheinen aber immer weniger Frauen bereit zu sein, sich auf patriarchale Vorstellungen einzulassen. *Psychology Today* bringt im Spätsommer 2022 einen Artikel mit dem Titel »The Rise of Lonely, Single Men«. Die Erklärung für die »Zunahme einsamer Singlemänner« ist erstaunlich: »Dating Chancen für heterosexuelle Männer nehmen ab, weil sich die Standards für gesunde Beziehungen ändern.« Das heißt, je weniger sich Frauen gefallen lassen wollen, je gesünder Beziehungen und je höher die weiblichen Ansprüche an eine Partnerschaft werden, desto mehr Männer finden keine Partnerin mehr. Hier kommt eine gefährliche Backlashspirale in Gang: Immer mehr Männer bleiben alleine und könnten zu frustrierten misogynen *Incels* werden, weil heterosexuelle Frauen nicht bereit sind, nach ihren toxischen Standards zu leben. Sie radikalisieren ihre toxischen Vorstellungen mit Gleichgesinnten und werden dadurch noch unattraktiver für Frauen. Die Schere geht immer weiter auseinander.

Weil unsere digitale Öffentlichkeit so heftig umkämpft ist, werden Frauen mit ganz neuen technischen Möglichkeiten geshamed, sexualisiert und auf ihre Körper reduziert. Mit der Folge, dass es für sie unangenehm wird, sich öffentlich zu zeigen oder zu äußern. Mit der digitalen Welt kann dabei auch die materielle Öffentlichkeit kontrolliert werden. Das zeigt das Beispiel von Spycams, die heimlich an Orten angebracht werden, die eigentlich Privatsphäre garantierten sollten, wie etwa öffentliche Toiletten oder Duschen für Frauen. Die Bundestagsreferentin der Linken und Expertin für Netzpolitik, Anne Roth, hat Beispiele solcher Fälle gesammelt: »Ein ARD-Magazin hat herausgefunden, dass beim Festival ›Monis Rache‹ in Tutow offenbar heimlich Frauen auf der Toilette gefilmt wurden. Die Videos tauchten auf einer Porno-Plattform auf«, »In den Duschen auf dem Fusion-Festival sollen heimlich Filmaufnahmen gemacht und ins Internet gestellt worden sein. Der Veranstalter hat Strafanzeige erstattet und die Videos löschen lassen«, sind solche Meldungen aus der Presse. Oder von Lady Bitch Ray auf Twitter: »Einmal bei einem Club-Gig mit meiner Frauencrew hatte ich 4 Personenschützer mitgebucht. Einer von ihnen steckte im Backstage seinen Kopf in die Kloschüssel, wir lachten ihn aus & fragten, warum er das tue. Er kam wieder raus & hielt uns eine Minikamera vor die Nase: ›Deshalb!!‹« Und weiter: »Wir waren schockiert und holten den Clubbesitzer, der beteuerte, nichts davon gewusst zu haben, dass das so betrachtet eine öffentliche Toilette sei. Die Personenschützer meinten, dass das ganz schön oft vorkomme, dass sie installierte Minikameras in Frauenklos fänden.«

Die Konsequenzen lassen sich in Südkorea beobachten. Dort gab es schon vor Jahren sogenannte Spycam-Proteste. Im Sommer 2018 kommen 20 000 Frauen auf einer Demo gegen »Spycam

Porn« zusammen, wie Anne Roth dokumentiert hat. »[…] heute Proteste in S. Korea gegen molka porn (Spycam filmt heimlich Frauen in öffentlichen Toiletten/Nahverkehr/Büro/Schule). Diese mutigen Frauen kamen in Massen zusammen trotz drohenden Online Mobbings/Belästigungen«, liest sich einer der englischsprachigen Tweets zu den Protesten. Das Produkt von solchen illegalen Filmaktionen mit anschließendem Hochladen auf Pornoseiten hat also in Südkorea mit »molka porn« sogar einen eigenen Namen und es damit zu einem eigenen pornografischen Genre gebracht, so inflationär wird davon Gebrauch gemacht, vom Filmen und vom Streamen.

Die Folge ist, dass »Koreanerinnen heutzutage in der Öffentlichkeit Masken tragen, um ihr Gesicht zu verhüllen und sich nach kleinen Löchern in öffentlichen Toiletten umschauen. Spycams finden sich versteckt in Wänden und sogar in Toilettenschüsseln«, informiert ein weiterer Tweet und zeigt Bilder von Wänden, die mit Löchern übersät sind, manche davon notdürftig mit Klopapier zugestopft. Wohlgemerkt maskierten sich Koreanerinnen an öffentlichen Orten lange, bevor es Corona gab. Es geht nicht um das Tragen von FFP2-Masken, sondern um eine Verhüllung des Gesichts, wie es in Afghanistan oder Saudi-Arabien für Frauen notwendig ist, um nicht öffentlich bestraft, beschämt und herabgewürdigt zu werden. Allein die Möglichkeit, dass heimliche Videoaufnahmen oder Bilder auf Pornoseiten im Internet auftauchen können, bewegt Frauen dazu, sich in der Öffentlichkeit vorsichtiger zu bewegen, weniger sichtbar zu sein oder ihr ganz fernzubleiben, zumindest bestimmten Bereichen.

Die gleiche Wirkung hat auch digitale Gewalt aus dem »sozialen Nahraum«, das heißt aus den eigenen vier Wänden, wenn Partner ihren Freundinnen oder Exfrauen Spionageapps aufs Smartphone schmuggeln, um sie zu überwachen, oder private Videos als *Revenge Porn* teilen. Die Frauen bewegen sich vorsichtiger oder meiden gemeinsame Netzwerke aus Angst vor Beschämung. Mit Gewalt werden Frauen aus der Gesellschaft isoliert. Allein die Möglichkeit, dass so etwas passieren könnte, reicht für Vorsicht. Weil es ständig geschieht, weil diese Form der Gewalt so stark gegendert ist und weil wir dauernd davon hören, haben wir alle ein Bedrohungsszenario im Kopf, auch wenn wir selbst gar nicht direkt betroffen sind. Die exzessive Verbreitung von Gewalt und Hass auf Frauen verändert also unsere gesamte Gesellschaft, niemand kann sich deren Wirkung entziehen.

Sein Drehbuch für ihre Rolle

Dadurch, dass Frauen auf ihre Körper reduziert werden, werden sie überhaupt erst zu Frauen. Das gilt in der analogen Wirklichkeit, mehr aber noch im Internet, wo man auf das Geschlecht nur über Profilbilder, Klarnamen oder Selbstbezeichnungen schließen kann. Verweigert eine Person diese Hinweise, gibt es kaum eine Möglichkeit, zu wissen, wer oder was jemand ist. Und das ist ja die große Chance, die das Internet in seiner frühen Phase versprach: Wir können alles sein, was wir uns vorstellen können, weil die Gesetze der Physik für unsere Wirklichkeit im virtuellen Raum nicht gelten. Wir können uns einen schönen oder starken Avatar zulegen oder unser Profilbild manipulieren, wenn wir uns hässlich oder schwach fühlen. Wir können ganz darauf verzichten und nur in unseren Posts existieren. Wir können in Games fliegen. Wir können unsere körperlichen Grenzen vergessen. Es reicht schon, sie einfach nicht zu erwähnen. Hier im virtuellen Raum gibt es nur die Dinge, die wir selbst erschaffen. Alles andere bleibt unsichtbar.

Das hat revolutionäre, absolut umwälzende Folgen für unsere gesellschaftlichen Kategorien, die wir auch nach mehr als zwanzig Jahren Internetzeitalter immer noch nicht wirklich ermessen können. Das ist der Grund dafür, dass sich binäre Kategorien wie »Mann« und »Frau« – jedenfalls einerseits – auflösen. Es ist auch kein Zufall, dass die Idee des radikalen Geschlechterkonstruktivismus Anfang der 1990er aufkam, als das Internet geboren wurde. Die Unterscheidung zwischen »biologischem Geschlecht« und »sozialem Gender« trieb Philosoph:in Judith Butler weiter, indem sie argumentierte, das biologische Geschlecht sei sozial konstruiert. Die Idee verkehrt also Ursache und Wirkung: Nicht das soziale Gender ist abhängig vom biologischen Geschlecht, sondern umgekehrt, das biologische Geschlecht entsteht durch das soziale Gender. Das heißt, dass wir Körper gar nicht anders wahrnehmen können als mit unserem kulturellen Normenset, das in Jungen und in Mädchen einteilt und diese Konzepte jedem neuen Körper überstülpt. Wir überinterpretieren Körper quasi damit noch vor ihrer Geburt.

Die binären Kategorien verschwinden nicht einfach, sondern sie vervielfältigen sich ins Unendliche. Bei Facebook gibt es schon seit bald zehn Jahren neben »männlich« und »weiblich« über sechzig Auswahlmöglichkeiten, welches Gender das eigene Profil anzeigen soll. Von »androgyn« über »bigender« zu »genderfluid«, »neutrois« oder »two-spirit«. Wenn man so viele Möglichkeiten hat, muss das »Geschlecht« seine gesellschaftspolitische Bedeutung verlieren. Denn wer herrscht hier noch über wen und warum? Die Erklärung, »Männer herrschen über Frauen, weil sie stärker und biologisch überlegen sind«, funktioniert als Begründung noch weniger, wenn es so viele Gender gibt, dass man gar nicht mehr weiß, welche Eigenschaft man welchem zuordnen soll. Die einfache Zuweisung »Gender xy« gleich »fürsorglich« oder »emotional« ist bei einer solchen Vielzahl nicht mehr möglich.

In einer Welt, in der Geschlecht die eigene Existenz nicht vorbestimmt, sondern eine Eigenschaft unter vielen wird, wie Haarfarbe oder Körpergröße, bedeutet das: Weiblich oder queer oder trans zu sein, hat keinerlei politische Konsequenzen mehr. Mit der Zweigeschlechtlichkeit löst sich ihre soziale Bedeutung auf. Das ist die eine Seite, es sind Möglichkeiten, die eine virtuelle vernetzte Realität bietet und die besonders in der Anfangszeit des Internets offenstanden – keine bereits existierenden Realitäten.

Denn auf der anderen Seite sehen wir gerade auch das Gegenteil: Es existiert eine wahre Bilderflut an Körpern, die sich an der zweigeschlechtlichen Norm orientieren, sie sogar noch enger fassen als je zuvor. Normschöne Frauen und starke Männer mit den jeweils klischeehaften Attributen begegnen uns überall: lange Haare und Wimpern, schmale Taille, viel Brust versus muskulöse Panzer, kantige Bärtigkeit und Potenz- und Statussymbole. Eigenschaften, die extrem überformt sind, fast schon Karikaturen von Weiblichkeit und Männlichkeit, sind inflationär im Umlauf. Als Geschäftsmodell von Influencer:innen und Werbeindustrie funktionieren diese Bilder und Videos von extremen Genderklischees erstaunlich gut und reproduzieren das zweigeschlechtliche Rollenmodell. Und sie zementieren es damit auch. In der gigantischen Pornoindustrie werden die Machtverhältnisse zwischen Männern und Frauen milliardenfach wiederholt: Im allergrößten Teil der verfügbaren Pornos bekommen Frauen eine Rolle, in der sie von Männern gewalttätig behandelt, gedemütigt, herabgewürdigt und benutzt werden. Ein patriarchales Bildregime hat also längst die virtuellen Räume erobert, nicht nur im »Darknet«.

Beide Tendenzen, das Auflösen der Genderkategorien auf der einen Seite und ihre absolute Manifestierung auf der anderen Seite, finden im Internet einfach nebeneinander statt. Auch hier zeigt sich also das feministische Paradox als starke Spannung zwischen diskursiv überwundenem, faktisch aber noch bestehendem Patriarchat. Auf die vielen neuen Möglichkeiten reagiert ein großer Teil der User:innen mit einem Backlash. Sie wollen die Zweigeschlechtlichkeit zurück und sie biologisch begründet wissen. Das ist der Schock, den wir gerade verdauen müssen: Auf der einen Seite verlieren Männlichkeit und Weiblichkeit ihre Bedeutung, auf der anderen Seite werden sie maximal aufgeladen und festgeschrieben.

Die gesellschaftspolitische Dimension von Kategorien verschwindet, weil es so viele Kategorien gibt, die hierarchielos nebeneinanderstehen. Wenn wir uns als Körperlose im Internet erst erfinden müssen, stellen wir uns ganz neue Fragen. Wer bin ich? Wie will ich sein? Horizonte öffnen sich. Wir werden gezwungen, über Identität nachzudenken, weil diese nicht mehr einfach durch den Körper gegeben erscheint. Wir müssen Entscheidungen treffen. Das verändert alles. Denn Geschlechterkategorien sind im Patriarchat die Grundvoraussetzung für die Frage, wer wen beherrscht. Verlieren sie ihre Bedeutung, müssen Macht, Einfluss und Privilegien neu begründet werden. Biologistische Erklärungen funktionieren jenseits von einfachen binären Kategorien nicht mehr. Gleichzeitig sind viele Menschen mit dieser Entwicklung so überfordert, dass sie sich um jeden Preis am Altbewährten festhalten wollen. Sie suchen nach Orientierung und festen Gewissheiten.

Die Masse an Möglichkeiten, sich mit Gendern zu identifizieren und sexuell zu orientieren, bedeutet für die einen absolute Freiheit, für die anderen absolute Orientierungslosigkeit – und für viele auch beides gleichzeitig. Unsere Welt ist durch das Internet noch komplexer geworden, es gibt noch mehr Entscheidungen zu treffen, die Wahlfreiheit ist schier unendlich. Das ist anstrengend.

Das ist die Zeit, in der reaktionäre Angebote vor allem bei Heranwachsenden verfangen, weil sie einfache Lösungen versprechen und schnelle Orientierung bieten. Die Stunde der misogynen Influencer und Datingcoaches hat geschlagen, die jungen Leuten auf TikTok und Instagram die Welt erklären. Und die sei ganz einfach: Es gibt Männer, die stark, überlegen, »Alpha« sind und immer die Kontrolle haben. Und es gibt Frauen, die emotional, schön, schutzbedürftig sind und sich gerne führen lassen. So weiß jede:r, was zu tun ist.

»Lifecoach« Andrew Tate ist zum Beispiel jemand, der Kapital daraus schlägt, dass männliche Personen zwischen 13 und 19 Jahren, seine Hauptzielgruppe, nach Vorbildern suchen. Auf TikTok, Facebook, YouTube, Twitter und Instagram ist er ein Star, der »King of Toxic Masculinity«, mit mehreren Millionen Followern und über zehn Milliarden Views. Zumindest so lange, bis die Plattformen ihn eine nach der anderen wegen misogyner, homophober, rassistischer und klassistischer Posts sperren – nach langem Zögern und einer Menge Geld, die sich mit Tates kontroversen Äußerungen verdienen ließ. Tate provozierte bis dahin gerne mit menschenfeindlichen Aussagen, zum Beispiel damit, dass Frauen das Eigentum von Männern sind, nicht Auto fahren können und als Hausfrauen ins Haus gehören. Oder dass sie eine Mitverantwortung tragen, wenn sie vergewaltigt werden. Frauen sind für ihn »dumme Huren«, die zur Ordnung gerufen werden müssen, wenn sie nicht machen, was er sagt, oder wenn sie Vorwürfe erheben – ganz egal, ob es sich dabei um Gewalt, Betrug oder verbale Entgleisungen handelt: »Boom ins Gesicht und sie am Nacken packen. Halt's Maul, Schlampe«. In einigen Videos sieht man Tate, wie er Frauen in Reizwäsche beschimpft, demütigt und schlägt. Manchmal benutzt er dafür Gegenstände.

Normalerweise würden wir erwarten, dass solche kruden Inhalte höchstens in obskuren Foren der Mannosphäre verbreitet werden können. Doch Tate hat es geschafft, sie für alle sichtbar in großen sozialen Medien zu platzieren, die in erster Linie von jungen User:innen genutzt werden. Denn er versteht es nicht nur, junge Leute zu manipulieren, sondern auch Social-Media-Algorithmen: Mit unzähligen Fake-Accounts pushen Anhänger seiner Privatuniversität mit dem sprechenden Namen »Hustler's University« seinen Content künstlich hoch. Eingeschrieben sind an dieser »Uni« 127 000 Mitglieder, die dafür monatlich 39 Pfund bezahlen – nach Recherchen von *Observer* und *Guardian* vorwiegend Jungen und Männer aus Großbritannien und den USA. Tate verdient so sein Geld mit Misogynie, und man fragt sich: Was war zuerst da, das Angebot oder die Nachfrage?

Als ehemaliger Profikickboxer verkörpert er die harte Männlichkeit, wie sie in den Neunzigern des letzten Jahrhunderts im letzten Jahrtausend cool war, als *Rambo*, *Rocky*, *Terminator*, Bruce Lee oder Jean-Claude Van Damme ohne viele Worte ihre Muskeln in Kino und Fernsehen spielen ließen. In einem Video bricht sich Tate bei einem Kickboxkampf die rechte Hand, aber das ist für einen echten Mann kein Grund aufzugeben: Er boxt mit der linken Faust weiter und gewinnt den Kampf. Auf eine Frage in den sozialen Medien, wie man schnell und einfach ein Sixpack bekommen kann, antwortet er: »Gar nicht. Für ein Sixpack musst du hart arbeiten, du musst leiden, sonst ist es nichts wert. Das macht es ja so besonders.« Gleichzeitig inszeniert er Ruhm, Reichtum und Erfolg in seinen kurzen Videos: Luxusautos von Bugatti über Ferrari zu Porsche und Aston Martin, die exklusiv für ihn mit Namensschild im Autohaus stehen. Wertvolle Uhren, große Unikate aus Gold mit mechanischem Laufwerk, in das man hineinschauen kann. Teure Klamotten, Brillen, Schuhe, Schmuck. Privatjets mit Ledersesseln, in denen Tate alleine sitzt und Zigarren pafft. Grundsätzlich bekommt er eine Sonderbehandlung: Wenn er in einen Club geht, dann in den VIP-Bereich, wo ihn die Leute kennen und verehren. Es gibt schöne Frauen und Champagner en masse. Bei Tate ist das James-Bond-Ideal aus den 1960ern ins Extreme getrieben.

Es ist diese Mischung, die bei jungen männlichen Personen auf offene Ohren stößt: Du kannst all diese für Männer gemachten Privilegien haben, wenn du dich nur wie ein »echter« Mann verhältst. Das bedeutet allerdings harte Arbeit in einer Zeit der feministischen Verweichlichung und Verweiblichung von westlichen Gesellschaften. Tate mischt kernige Botschaften mit Erfolgsrezepten. Seine Geschichte von Ruhm und Reichtum ist verlockend in einer Ära, in der der überreizte Kapitalismus immer weniger Erfolgsgeschichten produziert und immer weniger Gewinner hervorbringt. Trotz all seines obszönen Reichtums schafft Tate es irgendwie, sich als Underdog zu präsentieren – genau wie Trump.

Damit wird er zu einer Ikone, mit der sich Teenager identifizieren können, weil sich mit den frauenverachtenden Ansichten und Weltanschauungen provozieren lässt. Viel gibt es ja tatsächlich nicht, womit man heute noch die eigenen Eltern schocken kann, die im *Anything goes* und *Laissez-faire* groß geworden sind. Tätowierungen oder Piercings haben die Eltern selbst, mit zu lauter oder krawalliger Musik nervten sie ebenfalls schon vor ihren Kindern. Was aber tendenziell ihren Prinzipien widerspricht, sind Misogynie, Sexismus, menschenfeindliche Haltungen, Rechtsextremismus. Das ist im progressiven Mainstream out und kann nicht einfach ohne Konsequenzen geäußert werden. Was bedeutet, dass jemand wie Tate mit seinen klaren Botschaften, was zu tun ist, nicht nur Orientierung für junge unsichere Männer bietet, sondern sich diese gleichzeitig mit solchen Haltungen selbst als Underdogs inszenieren können, als missverstandene Außenseiter, die gegen den Strom schwimmen und dafür ausgegrenzt werden. Als Opfer des Feminismus, die sich in Zeiten von *Political Correctness* und *Cancel Culture* fast schon wie Freiheitskämpfer fühlen können. So die Erzählung.

Jemand wie Tate fängt die TikTok-Kids ein, weil diese in einer unübersichtlichen, komplexen, diversen Welt nicht wissen, wie sie sich verhalten sollen. Kinder wachsen heute in der Spannung zwischen diskursiv überwundenem, faktisch aber noch bestehendem Patriarchat auf. Und dementsprechend ambivalent sind die Erwartungen, die auf männliche Jugendliche einprasseln: Du sollst die Werte der Gleichberechtigung achten, Grenzen respektieren, keine Rollenklischees erfüllen oder reproduzieren, stattdessen Rosa mögen, nett und einfühlsam sein, weinen können und gerne tanzen.

Gleichzeitig sollst du einen muskulösen Körper haben, durchsetzungsstark sein und dir die Dinge nehmen, wenn du Erfolg willst. Schon kleine Kinder werden in unserer Popkultur bombardiert von Botschaften, die gestählte Körper, kernige Kämpfer, männliche Macher verherrlichen, von Fußballstars wie Ronaldo über Schauspieler wie Johnny Depp zu Marvel-Superheroes wie Spiderman. Die Werbung propagiert hypersexualisierte Männer- und Frauenkörper, starke Bosstypen und fragile Schönheiten. Reichtum und Rücksichtslosigkeit sind wichtige Werte in unserer Kultur, nach der Logik des neoliberalen Turbokapitalismus können nur wenige erfolgreich sein, nämlich die Besten. Sie zeichnen sich nicht dadurch aus, dass sie kooperativ handeln, sondern sich im Wettkampf gegen andere durchsetzen. Dieser kulturelle *Double Bind* ist nur schwer aufzulösen.

Online tummelt sich damit eine große Klientel an verunsicherten Jungen. Auf sie haben es Bauernfänger wie Tate abgesehen. Das ist keinesfalls harmlos, sondern ziemlich gefährlich. Hinter Tate steht eine große gut vernetzte rechte Bewegung, die überall in westlichen Ländern die Demokratie angreift. Die Elite der Bewegung hat viel Reichtum angehäuft und wenig Interesse daran, dass unsere Gesellschaften möglichst gleichberechtigt, demokratisch oder sozial gerecht funktionieren. Sie will alle Privilegien für sich alleine. Tate ist verbandelt mit rechten Verschwörungsideologen um das inzwischen insolvente Onlineportal »InfoWars«, mit dem rechtsextremen YouTuber Paul Joseph Watson oder mit Donald Trump Jr. »The tate family support trump FULLY. MAGA!«, postete Tate nach einem Treffen auf Facebook. In Großbritannien pflegt er Kontakt zum rechtspopulistischen Brexitanheizer Nigel Farage.

Die Reichweite des Netzwerks wird mit einem kriminellen System vorangetrieben, das von Onlineanbietern als Geschäftsmodell mitgenutzt und von Sicherheitsbehörden nicht durchschaut wird. Es handelt sich dabei um ein Schneeballsystem, wie es früher vor allem bei Versicherungen bekannt wurde – bevor solche Praktiken verboten wurden: Neue Mitglieder der Hustler's University zahlen einen monatlichen Beitrag und bekommen dafür die Chance, »bis zu 10 000 Pfund monatlich mit Workshops über Krypto Investment oder Direktversand zu verdienen, oder indem sie neue Mitglieder anwerben, für jeden Neuzugang gibt es 48 Prozent Kommission«, hat der *Guardian* recherchiert. Manche der neuen Mitglieder sind erst 13 Jahre alt. Tate ist Mitte dreißig, datet aber »am liebsten 18-Jährige, weil die noch so schön formbar sind«. Viel ältere Männer verführen also viel jüngere Männer mit frauenfeindlichen Aussagen.

Die »Studenten« erhöhen ihre Chancen, dass möglichst viele Leute bei Hustler's unterschreiben, indem sie mit den Tate-Fake-Accounts möglichst krasse Kontroversen schüren, die viral gehen, steht in einem Leitfaden: »Du willst idealerweise eine Mischung aus 60–70 Prozent Fans und 40–30 Prozent Hatern erreichen.« Journalist:innen des *Guardian* führten ein Experiment mit einem leeren Konto durch, das sie mit dem Profil eines Teenagers versahen. Ziemlich schnell bekamen sie Inhalte von Tate angezeigt. »Nachdem wir uns zwei seiner Videos angesehen hatten, wurden uns weitere empfohlen, darunter auch Clips, in denen er frauenfeindliche Ansichten vertritt. Als das Konto das nächste Mal geöffnet wurde, waren die ersten vier Beiträge von Tate, von vier verschiedenen Konten.« So gut ist das System organisiert. Gegen Tate gibt es zahllose Strafverfahren wegen Körperverletzung gegen Frauen, Menschenhandel und Vergewaltigung. Er ist nach Rumänien gezogen, weil man dort »eine 40-prozentig bessere Chance hat, nach einer Vergewaltigung straffrei zu bleiben«. Tate nennt das »Freiheit«.

Letztlich geht es dabei nicht nur um Geschlechterrollen in privaten Beziehungen, wer die Macht, wer mehr Privilegien hat und wer wen beherrscht. Sondern es geht um unsere Gesellschaft. Schon 2018 bemängelte Tate den »Niedergang der westlichen Zivilisation« auf Facebook – eine Chiffre, die auch Rechtsextreme wie Björn Höcke oder der rechtsterroristische Attentäter von Halle, Stephan Balliet, verwenden. Genau wie bei seinen rechten Kollegen wird der Kampf um die Gesellschaft über Frauen und ihre Körper geführt, als Einfallstor für den Niedergang. Auslöser für Tates Post war ein Plakat am Flughafen von Heathrow, das

»Mädchen dazu aufforderte, in den Urlaub zu fliegen, statt sie aufzufordern, eine liebende Mutter und treue Ehefrau zu sein«.

Offenbar führen Rechte und *Male Supremacists* den Kampf um Social Media und um unsere Gesellschaft mit ziemlichen Erfolgen. Einfache Lösungen für komplexe Wirklichkeiten anzubieten, hat schon immer verfangen. Außerdem sind sie Meister darin, Menschen und Medien zu manipulieren. So konnte Tate zum Massenphänomen werden, mit drastischen Konsequenzen für den analogen Alltag. Schon kleine Jungen lassen sich erheblich von der gewalttätigen Misogynie im Internet beeinflussen, wie man an den Diskussionen in Lehrerforen um sexistische und frauenfeindliche Verhaltensweisen von Schülern nach Tate-Konsum ablesen kann.

Große Zeitungen sammeln Fälle von irritierten Lehrerinnen, die in Austauschforen wie Reddit klagen, dass Schüler geradezu von Tate besessen seien und sich neuerdings weigerten, Anweisungen von weiblichen Lehrkräften zu befolgen, weil diese »Hausfrauen sein sollten«. Oder Texte von Autorinnen zu lesen. Dass schon 11-Jährige ihre Mitschülerinnen nach Tates Vorbild schlecht behandelten. Eine Grundschullehrerin berichtet: »Ich hatte heute einen Schüler, der einer Klassenkameradin gesagt hat, dass sie fett sei und Frauen schlank sein müssten, dass sie den ganzen Tag zu Hause herumsitze und esse, genau wie jedes andere Mädchen auf der Welt, und Männer nur für Geld ausnutze, dass er hingegen ein hart arbeitender Mann sei, der sein Geld ehrlich verdiene.« Eine Lehrerin in Neuseeland erzählt von ihren 13- bis 15-jährigen Schülern, die Dinge sagen wie: »Frauen, die vergewaltigt werden, wollen es ja so, wenn sie sich entsprechend anziehen« oder »Frauen, die abtreiben, verlieren ihr Recht, selbst über ihren Körper zu bestimmen«.

Tate und sein Einfluss auf junge Leute sind nur ein kleines Mosaiksteinchen in dem großen Backlash, der sich gegen Frauenrechte vollzieht. Der Backlash online fungiert dabei als Wegbereiter für den Backlash offline. Laut einer Umfrage der britischen Organisation Hope not Hate von 2020 findet die Hälfte der jungen Männer zwischen 16 und 24 Jahren, dass »der Feminismus zu weit gegangen« sei. Viele von ihnen lehnen den Feminismus sogar ab als »Ideologie, die Männer verdrängt«. Gleichzeitig vertreten aber gerade jüngere Leute heute insgesamt viel progressivere Ansichten als früher, wenn es etwa um LGBTQ+-Rechte geht. Das gilt zumindest für Großbritannien, wo die Umfrage durchgeführt wurde. Daran sehen wir, wie wirkmächtig die ständig präsente Gewalt gegen Frauen ist. Sie wirkt auf die Weltanschauung von jungen Männern und auf ihre Einstellung gegenüber Frauen: ob sie diese als gleichberechtigt empfinden oder meinen, Frauen hätten schon mehr Privilegien, als ihnen zustünden.

Was sexualisierte Gewalt mit jungen Menschen macht, beschäftigt wegen der inflationären Verbreitung von Pornografie schon seit Längerem Expert:innen aus verschiedenen Feldern. Jana Weiss hat für den *Tagesspiegel* die Therapeutin Tabea Freitag von der Fachstelle für Mediensucht Return gefragt, wie sich früher Pornokonsum und die herabwürdigende Darstellung von Frauen auswirken. Die Ergebnisse sind besorgniserregend. Freitag beobachtet zum Beispiel, dass es immer häufiger zu Missbrauch in der Familie komme, »weil Bruder, Cousin oder Mitschüler an Mädchen nachmachten, was sie in Pornos gesehen hätten«. Pornografische Praktiken und Schönheitsideale seien »stark in Beziehungen eingedrungen«, weil der Pornokonsum unter Jugendlichen so normal geworden sei, erklärt Freitag. »Viele Mädchen schauen Pornos, um sich darauf vorzubereiten, was die Jungs von ihnen erwarten, und stehen unter enormem Druck, was Aussehen und sexuelle Performance angeht. In Beziehungen machen immer mehr Mädchen und junge Frauen Praktiken mit, die sie selbst als eklig, schmerzhaft oder demütigend empfinden«, erlebt die Therapeutin in ihrer Praxis. Sexuelle Grenzverletzungen würden auf diese Weise normalisiert und menschenverachtende Frauenbilder auch außerhalb der Pornografie salonfähig, schließt Freitag im *Tagesspiegel*.

Der Verein Safersurfing kommt zu ähnlichen Erkenntnissen. Er hat sich gegründet, um Kinder und Jugendliche vor dem Einfluss von Onlinepornografie zu schützen, denn sie sind heute schon früh und unfreiwillig mit extremen Bildern konfrontiert, weil diese vollkommen frei von Jugendschutzstandards überall zirkulieren. Bereits im Alter von 11 oder 12 Jahren kommt fast ein Drittel aller Kinder zum ersten Mal mit pornografischen Inhalten im Internet in Kontakt, und zwar völlig unvorbereitet, also ohne danach gesucht zu haben. Bei den 15- bis 16-Jährigen sind es schon weit über die Hälfte der Jugendlichen. Sie stolpern zum Beispiel durch Pop-ups zufällig darüber oder bekommen die Inhalte von anderen gezeigt. Fast ein Drittel reagiert geschockt auf den ersten Pornokontakt. Diejenigen, die anschließend weiter Pornos gucken, sind nicht mehr so geschockt, der Wert sinkt auf unter 10 Prozent. Es lässt sich also eine Desensibilisierung und Normalisierung beobachten. Die Zahlen hat Safersurfing aus einer umfassenden Studie der Middlesex University London zum Thema Pornografie im Kindes- und Jugendalter von Mai 2017 zusammengetragen, die sich mit deren Einfluss auf Werte, Einstellungen und Überzeugungen auseinandersetzt.

Die Ergebnisse sind alarmierend: Über die Hälfte der Jungen hält die Darstellungen in Onlinepornos für eine realistische Art und Weise, Sex zu haben. Bei den Mädchen sind es weniger, aber immer noch fast 40 Prozent. Besonders gravierend aber ist, dass schon Kinder und mehr noch Jugendliche nachahmen wollen, was sie da sehen. Bei den 11 bis 12 Jahre alten Kindern findet mehr als ein Fünftel, dass das eine gute Idee sei. Bei den 13- bis 16-jährigen Teenagern sind es schon um die 40 Prozent. Gleichzeitig meinen nur etwa ein Fünftel der Jungen und ein Zehntel der Mädchen, dass Pornografie ihnen ein Bild von einvernehmlichem Sex zeigt. Hier drängt sich die Frage auf: Warum wollen so viele von ihnen etwas nachmachen, das sie für nicht einvernehmlich halten?

Und das ist der entscheidende Punkt: Heranwachsende können noch gar nicht beurteilen, was beim Sex realistisch, was richtig und was falsch ist, weil sich Weltbild und ethischer Kompass in der Pubertät erst entwickeln. Sie sehen etwas und denken, dass es normal ist – vor allem, wenn es ihnen so übermäßig und oft begegnet wie Onlinepornografie. Ohne einen gefestigten Standpunkt zu Machtverhältnissen und Minderheitenrechten, ohne Korrektiv, übernehmen Jugendliche ungefiltert, was sie sehen. Und so kommt es, dass die Art und Weise von Sex, wie sie in der Pornografie dargestellt wird, auch im echten Schlafzimmer immer realistischer wird und immer mehr Leute genau so Sex haben: nicht einvernehmlich.

Tatsächlich haben auch die Frauen, die mit mir über ihre Gewalterfahrung gesprochen haben, genau das erzählt, was die Studie mit Zahlen belegt: Ihre Partner wollten im Bett Szenen aus Pornos nachspielen. Sie verlangten von ihren Partnerinnen, dass sie sich unterwerfen und demütigen lassen, immer verfügbar sind oder Schmerzen in Kauf nehmen. Johanna Barduns Mann Paul zum Beispiel war schon als Jugendlicher pornosüchtig und hat das erniedrigende Frauenbild und den mangelnden Konsens darin nie hinterfragt – obwohl er als gebildeter Wissenschaftler alle Möglichkeiten zur kritischen Reflexion gehabt hätte. »Er hatte gewisse Vorstellungen, die er von Anfang an ziemlich vehement vorgebracht hat«, sagt Johanna.

Schon in der ersten Nacht, die sie miteinander verbringen, kommt es zur Grenzüberschreitung. Er will eine für sie degradierende Fantasie aus einem Porno umsetzen. »Ich fand das total eklig, dachte aber, ich muss das jetzt machen – sonst ist er weg.« Im Bett will Johannas Mann seine im Alltag verlorene Kontrolle zurückerlangen, wieder die Oberhand gewinnen: »Ständig wollte er Szenen aus Pornos mit mir umsetzen, mein Part war der der Unterdrückten und Unterworfenen. Ich wollte Sex deshalb irgendwann nur noch vermeiden.« Doch ein Freund rät ihm, sie einmal wöchentlich zu überreden, denn als Ehefrau sei sie ihm das schuldig, es sei sein gutes Recht. »Er wollte bis ins Detail regulieren, was ich wann wie zu machen hatte. Lauter stöhnen, zum Beispiel. Mich auf eine bestimmte Art und Weise bewegen, bestimmte Dinge tun.« Er hatte ein fertiges Pornoskript für sie. Dieses Drehbuch ist eine geradezu absurd passende Metapher für die Beziehung: Sie soll die Rolle spielen, die er ihr auf den Leib schreibt, unter ihm.

Irgendwann reicht es Johanna, sie trennt sich und beginnt eine Affäre. Daraufhin versucht ihr Exmann alles, um sie zurückzugewinnen. Sie lässt sich wieder auf ihn ein, zwei Jahre lang führen sie eine On-Off-Beziehung. Bis zu diesem einen Tag. Er drängt sie, endlich Sex mit ihm zu haben, als endgültige Versöhnung. Sie gibt nach, überlegt es sich aber währenddessen anders, als es wehtut. Doch diesmal hört er nicht auf. Ihr Bitten ignoriert er einfach, bis er fertig ist. »Dieses Mal wollte er mir beim Sex wehtun, um sich zu rächen. Für die andere Beziehung, die ich hatte, und dafür, dass ich ihn verlassen habe.« Das spürt Johanna in diesem Moment. »Er wollte mich unterwerfen. Weil er sich so klein fühlte, wie ein Verlierer. Er wollte ein für alle Mal klarstellen, wer der Chef ist, dass er das Sagen hat, es gegen meinen Willen tun kann und ihm meine körperlichen Grenzen völlig egal sind. Das war die totale Herrschsucht, diese Vergewaltigung, eine einzige Machtdemonstration.« Die Medizinerin fühlt sich absolut gedemütigt in diesem Augenblick und noch lange danach: »Ich war so betäubt, ich konnte es gar nicht in Worte fassen, nicht einmal glauben.«

Warum sie trotz ihrer Abscheu seine sexuellen Vorgaben in den zehn Jahren ihrer Ehe erfüllt, kann Johanna nur ansatzweise erklären. Paul setzt sie sexuell unter Druck, wertet sie ab und lässt immer wieder durchblicken, dass er sie auch verlassen könnte. Er setzt sie sogar doppelt unter Druck, mit einem *Double Bind*: Einerseits verletzt er seine Partnerin mit Aussagen wie: »Ich hätte gerne Sex mit zwei Frauen, mit dir und deiner Freundin« oder »XY war im Bett aber besser«. Andererseits gibt er ihr die Schuld für seine Fantasien und bezeichnet sie als das »Böse«, weil sie ihn zu solchen Handlungen provoziere – die er eigentlich gar nicht wolle. Oder er wirft ihr vor, sie sei prüde. So oder so steht sie ständig in seiner Schuld. Paul betreibt *Victim Blaming* und macht Johanna verantwortlich für sein eigenes unmoralisches Verhalten. Ein uralter Trick, den gerade das Christentum mit seiner Urerzählung von der weiblichen Schuld und Sünde perfektioniert hat.

Dieser *Double Bind* ist jedoch erschreckend aktuell, wie etwa die *MeToo*-Debatte ans Licht brachte. Frauen erfahren erst sexualisierte Gewalt, anschließend wird ihnen die Schuld dafür gegeben: Für ihre Karrieren hätten sie Abkürzungen durch die Betten von Produzenten genommen oder in kalter Berechnung arglose Chefs für den schnellen Erfolg verführt, wie Andrew Tate es in milliardenfach geklickten Posts behauptet und kleine Jungen es ihm nachsprechen. Und auch die Verbindung aus Frömmelei und sexueller Abgründigkeit ist eben nicht bloß ein Klassiker der Religionsgeschichte, sondern begegnet uns noch heute überall: Wir sehen sie beim Missbrauchsskandal der Katholischen Kirche in Europa, wo moralisierende Geistliche ihre spirituelle Autorität nutzten, um über Jahrzehnte hinweg Kinder zu vergewaltigen, versteckt hinter Beichtstuhl und Soutane. Sie zeigte sich, als jesidische Kinder und Frauen durch Dschihadisten des IS im Irak und in Syrien versklavt wurden, während die eigenen Ehefrauen bis unter die Augen verschleiert sein mussten. Sie steht hinter den Attentaten der letzten Jahre in Nordamerika von religiösen Fanatikern auf Frauen in Bordellen, die sie selbst oft genug aufsuchten. Wie in Atlanta, als ein junger *weißer* Fundamentalist im Frühjahr 2021 ein Blutbad in drei Massagesalons anrichtet und dabei mehrere asiatische Frauen umbringt. Sie trügen die Schuld dafür, dass er sie in der Vergangenheit mehrfach als Kunde habe in Anspruch nehmen müssen – gegen seinen Willen.

Die evangelikale Glaubensgemeinschaft in den USA ist weltweit eine der am schnellsten wachsenden religiösen Bewegungen und auch in Europa auf dem Vormarsch. Attraktiv daran ist für Männer, dass religiöser Fundamentalismus ihnen die reproduktive Kontrolle über Frauenkörper und damit eine Vormachtstellung sichert, wie wir schon gesehen haben. Sich auf Gott zu berufen, um die ungleichen Machtverhältnisse zu legitimieren, ist in einer Zeit der Wokeness und schlechten Argumente für Ungleichheit ein letztes Mittel, doch noch die umkämpften Privilegien zu erhalten. In den USA hat die evangelikale Bewegung eine ihrer ideologisch und zahlenmäßig stärksten Anhängerschaften. In ihrem Buch *Amerikas Gotteskrieger* zeigt Annika Brockschmidt, wie die *Purity Culture* der Evangelikalen »samt ihrer toxischen Ansichten zur Rolle der Geschlechter« sexuelle Übergriffe auf Frauen in evangelikalen Bildungseinrichtungen fördert.

Durch ihren Verhaltenskodex, der für Männer und Frauen unterschiedlich ist, hätten Universitäten zum Beispiel »eine Umgebung auf dem Campus geschaffen, die sexuelle Gewalt begünstige und nicht die Täter, sondern die Opfer bestrafe«, gibt Brockschmidt die Klage von zwölf Frauen gegen ihre Hochschule wieder. Das Regelbuch *The Liberty Way* etwa, eine Art Hausordnung für das Campusleben, mache keinen Unterschied zwischen einvernehmlichen und erzwungenen sexuellen Handlungen. Zeigt eine Frau ihren Täter an, wird sie zuerst bestraft. Auch das Lehrpersonal propagiere solche misogynen Ansichten. Brockschmidt zitiert zum Beispiel einen Professor für Familienrecht einer evangelikalen Privatuniversität, gegen die die Studentinnen vor Gericht zogen. In einem weit zirkulierenden Vortrag sprach dieser über »politisch motivierte Hexenjagden gegen Männer, in denen ihnen unfairerweise vorgeworfen werde, sexuell übergriffig geworden zu sein«. Schuld sei in Wirklichkeit die »Verführerin, die sie an den Honigtopf lockt, bevor sie eine Falle zuschnappen lässt, die heute Jahrzehnte im Gefängnis bedeuten kann«. Kindesmissbrauch, Stalking und häusliche Gewalt würden von Feministinnen als politische Waffe eingesetzt. Solche Vorstellungen wuchern ungehindert in religiösen Institutionen und verbreiten sich dank des Internets auch weit darüber hinaus.

In die Beziehung von Johanna Bardun sickert evangelikales Gedankengut tröpfchenweise ein, obwohl sich das Paar nach außen hin modern und gleichberechtigt gibt. Ihr Mann »schuf sich die Frau nach seinem Bilde«, so beschreibt Johanna in biblischen

Metaphern, wie die zwanghafte Kontrolle aus Fundamentalismus und hegemonialer Männlichkeit immer engmaschiger wird. »Ich sollte Röcke tragen und Kleider. Mir Ohrlöcher stechen lassen. Ich sollte weiblicher aussehen.« Mit allen Mitteln versucht ihr Exmann, die Kontrolle über ihr Outfit zu erlangen und ihr seinen Dresscode aufzuzwingen. Er verpackt es jedoch anders: »Er sagte, wir müssten gemeinsam an meinen vielen Komplexen arbeiten. Ich hatte wahlweise einen ›Rockkomplex‹, einen ›Schmuckkomplex‹, oder einfach einen ›Weiblichkeitskomplex‹.« Er setzt ganz gezielt auf *Victim Blaming*. Dass sie das Problem sei, ihre labile Psyche, glaubt Johanna ihm lange Zeit. Was erst mal harmlos klingt, nämlich die Partnerin dazu zu bringen Röcke zu tragen, ist tatsächlich eine folgenreiche Manipulation: Hier beginnt ihre Reduzierung auf den Körper. Wer seine Partnerin wie eine Puppe anzieht, macht sie zu einem Gegenstand und kann sie – wie eine Puppe – besitzen und über sie verfügen. Weibliche Personen werden so nicht nur zu Frauen gemacht, sondern zum Eigentum von Männern.

Kleidung hat etwas mit Kontrolle zu tun. Sie wirkt darüber hinaus aber auch gesellschaftspolitisch: einerseits, weil die persönliche Kleiderwahl auch den gesellschaftlichen Dresscode mitbestimmt und daher Grenzen in die eine oder andere Richtung verschieben kann. Was als freizügig gilt und was als zugeknöpft, hängt davon ab. Besonders bei Frauen kann fast alles, was sie tragen, zum Politikum werden, wie Debatten von Minirock bis Kopftuch immer wieder eindrücklich zeigen. Denn der weibliche Körper ist im Patriarchat selbst politisch, wird reguliert und kontrolliert. Deshalb kann andererseits mit Kleidung auch gezielt Politik gemacht werden, wie ein weiteres Beispiel aus Brockschmidts *Amerikas Gotteskrieger* zeigt.

Eine evangelikale Abgeordnete der Republikaner hielt im Repräsentantenhaus von Arkansas eine Rede, in der sie ein gerade eingeführtes antitrans Gesetz mit der Lehre vom Kreationismus und reichlich Bibelzitaten begründete. Gott habe die Menschen nach seinem Vorbild geschaffen, als Mann und Frau. Männer, die Frauenkleider trügen, seien »ein Gräuel für den Herrn« – genau wie Frauen, die Männerklamotten anziehen. Sie warb damit für ein weiteres Gesetz, das den Kreationismus im Bundesstaat als Schulfach erlaubt. Mit dem Bild von Kleider tragenden Männern brachte sie den Entwurf am Ende mit einer überwältigenden Mehrheit durch. In Arkansas ist seitdem nicht nur die Diskriminierung gegen trans Personen in einem Gesetz zementiert. Sondern mehr noch: Auch das umgekehrte Bild – Frauen in Hosen – ist damit als Feindbild installiert. Der gesellschaftliche Platz von Frauen unter Männern ist mit der Lehre vom Kreationismus an Schulen ein Stückchen näher gerückt. Lange Kleider sollen das zum Ausdruck bringen. Ein fundamentalistischer Dresscode stellt also die Verhältnisse klar. Und damit gleichzeitig auch her. Er soll die »unchristliche« Kleidungsweise der weiblichen Bevölkerung korrigieren.

Johanna Bardun hält sich an den strengen Kleidercode, den ihr Partner ihr vorgibt, und verändert ihr Äußeres komplett nach seinem Willen. Der Vorher-Nachher-Effekt ist ziemlich unheimlich. Die Fotos, die sie als Kind und als ganz junge Frau zeigen, also bevor sie ihren Mann kennenlernt, passen zu ihrer heutigen Erscheinung. Die kleine Johanna ist in der Kita ein Tomboy: kurze Haare, Latzcordhose, fröhliches Lachen. Als Jugendliche trägt sie coole Klamotten: lässige Trainingsjacken und Kapuzenpullis, dazu ein herausfordernder Blick. Heute ist sie eher praktisch und funktional gekleidet. Doch dazwischen kommt der Bruch. Auf den Fotos, die während der Ehe entstanden sind, ist eine andere Person zu sehen: langes wallendes Haar, lange Ohrringe, lange Kleider. Farblich abgestimmte Strümpfe und Schuhe. Bändchen und Schleifchen. Bluse unterm biederen Pullunder. Mal steht sie in einer Blumenwiese in Pose, mit Flechtkranz um den Kopf. Mal streichelt sie ein Kätzchen. Mal sitzt sie mit überschlagenen Beinen am Küchentisch. Mal schaut sie aus dem Fenster des traulichen Heims heraus, beleuchtet vom Herrnhuter Stern. Die Fotos sind hochinszeniert: »Er hat mich in Posen gerückt, in denen er mich gerne sehen wollte. Es war eigentlich immer ein Shooting, und ich musste die Trophy Wife sein, die adrett aussieht.« Auffällig ist auch die mädchenhafte Unschuld, die aus allen Bildern spricht. Alles Reife, Selbstbewusste, sexuell Selbstbestimmte ist verbannt. Sie ist auf den Bildern attraktiv, aber nicht, weil sie es will oder ausstrahlen würde. Sie ist es unfreiwillig, blickt schüchtern und geradezu entschuldigend in die Kamera. Und doch ist sie für ihn sexuell verfügbar, wenn er es will. Auch hier zeigt sich wieder das tief sitzende Narrativ von Hure und Heiliger. So drückt sich allein auf den Bildern eine Form von Macht und Kontrolle über sie und über ihre Sexualität aus. Sie gehört ihm, ist sein Besitz, sein Objekt. Es ist also ganz und gar nicht harmlos, die Partnerin wie eine Puppe anzuziehen. Sie optisch nach den eigenen Vorstellungen zu gestalten, ist ein kleines Mosaiksteinchen beim Knüpfen des Netzes, das ihre Unterwerfung sichern soll. Ein weiteres besteht darin, ihr Verhalten zu beeinflussen, und wie sie denkt und fühlt. All das lässt sich kontrollieren, zumindest bis zu einem gewissen Grad.

Der Höhepunkt von Johannas Verwandlung ist erreicht, als das Ehepaar in die USA geht, wo er seinen Doktor in Harvard macht – und sie ihr eigenes Medizinstudium für zwei Jahre pausiert. Sie ist jetzt Hausfrau, backt Apfelkuchen und stellt Joghurt her. Sie ordnet sich unter. Damit ihr nicht langweilig wird, lektoriert sie die wissenschaftlichen Aufsätze ihres Partners, die in wichtigen medizinischen Journals erscheinen. Sie funktioniert genau so, wie er es für sie vorsieht, meistens jedenfalls.

Ähnliches erzählt auch Katja Seibel aus ihrer Beziehung. Ihr Mann kauft für sie Kleidung, immer das Gleiche: weite Polohemden und Jeans. Sie darf nichts anderes anziehen, wenn sie ohne ihn aus dem Haus geht. Er schenkt ihr aber auch schöne Kleider und Schmuck. Die darf sie in der Öffentlichkeit tragen, wenn er an ihrer Seite ist. Er schmückt sich gerne mit ihr, sie ist sein Statussymbol.

Und auch ein dritter Fall zeigt, wie Männer Frauen zu ihrem Eigentum machen. Wie sie Besitzansprüche nicht mehr direkt geltend machen, sondern über Umwege durchsetzen, besonders in gesellschaftlichen Sphären, die als woke gelten, wie zum Beispiel in der Kulturbranche. Claudia Albrecht hat in ihrer Beziehung ausschließlich psychische Gewalt erlebt, also eine Form, die in keiner Polizeistatistik auftaucht. Ihre Geschichte möchte sie unter ihrem richtigen Namen erzählen. Vielleicht ist das ein Weg, die Erzählung wieder zur eigenen zu machen. Auch noch zwei Jahre nach der Trennung hat sie manchmal Atemnot. Das gemeinsame Kind verbindet sie mit ihrem Exfreund, einem Schauspieler, den man aus Serien kennt und der ein gleichberechtigtes Image zu vertreten hat. Ganz ohne Handgreiflichkeiten hat ihr Partner es geschafft, sie so sehr unter Druck zu setzen, dass sie macht, was er will. »Seine Angriffe kamen immer aus dem Nichts«, sagt Claudia Albrecht. Sie ist Psychologin, doch trotz ihrer beruflichen Kenntnisse kann sie der psychischen Gewalt wenig entgegensetzen und hat am Anfang der Beziehung noch nicht einmal gemerkt, was passiert.

Obwohl die Beziehung lange vorbei ist, hat der Exfreund sie immer noch im Griff. Einmal bekommt die Psychologin während unseres Gesprächs eine E-Mail von ihm. Sie schnappt nach Luft, rote Stellen zeigen sich auf ihrem Gesicht und ihrem Hals. Sie zittert und schiebt ihren Laptop weg, als könnte sie sich auf diese Weise dem Übergriff entziehen. Ich lese die E-Mail für sie, es steht Belangloses darin, irgendwas mit Gummistiefeln, die er in die Kita gebracht hat. Bis auf einen kleinen Nebensatz: »Ich habe drei Fotos in die Gummistiefel gelegt.« Wenn man ihre Geschichte nicht kennt, klingt das absolut harmlos. Aber ihr Expartner schafft es auf diese Weise, nach ihr zu greifen, ohne die Hände zu benutzen. Damit ich das nachvollziehen kann, beschreibt Claudia Albrecht mir einige typische Situationen: Die beiden streiten, sie steht mit dem Rücken zur Wand, kann nicht weg. Er steht ganz dicht vor ihr und hat diesen aggressiven Blick, voller Hass. Er redet auf sie ein. Sie bittet ihn zu gehen, aber er geht nicht, lässt sie nicht in Ruhe. Bewusst ignoriert er ihr »Nein« und die Grenze, die sie versucht zu setzen – als würde er sie damit festhalten. »Es gab einfach keinen Ausweg«, so beschreibt sie das Gefühl. Von überallher treffen sie seine verbalen Attacken, er hört und hört nicht auf. Gleichzeitig kann sie nicht weg, es betrifft sie also direkt körperlich, was er tut. Sie beschreibt, was das mit ihr macht: Erst spürt sie ein Kribbeln aufsteigen, dann bekommt sie Druck auf den Ohren, und ihr Nacken wird steif, als hätte sie einen schweren Helm auf. Sie verfällt in eine Angststarre und fühlt sich hilflos, ausgeliefert. Ihr körperliches Empfinden ist so intensiv, als würde er körperliche Gewalt anwenden: »Es fühlt sich an wie ein Griff. Ein Übergriff, in meinen Brustkorb hinein. Er greift etwas aus mir heraus. Es sind Hände, die alles von mir nehmen, auch meinen Atem. Deshalb habe ich das Gefühl, keine Luft mehr zu bekommen.« Eine solche Welle der Angst kann sie jederzeit überrollen, auch wenn ihr Expartner gar nicht da ist. Weil seine Angriffe so unvermittelt kamen, er andauernd ihre Grenzen überschritt und in ihren intimen Raum eindrang, ist auch die Angst für sie unberechenbar.

Gewalttätig wird Claudia Albrechts Partner immer dann, wenn sie nicht seiner Meinung ist oder ihn kritisiert oder »nicht genug« auf seiner Seite steht. Wenn sie versucht, ihm Grenzen zu setzen, beginnt der Psychoterror: dauerklingelndes Handy, Nachrichten im Sekundentakt, Mailbox voller Drohungen. Also all das, was man bei der Polizei als »romantische Eroberungsversuche« abtun würde. »Wenn du nicht sofort ans Telefon gehst, komme ich und klingele so lange an deiner Tür, bis alle Nachbarn wach sind«, droht er zum Beispiel. Er macht ihre Lage so unangenehm, erpresst sie damit, sie vor der Nachbarschaft oder im Freundeskreis zu beschämen, bis sie nachgibt.

Auf diese Weise wirken auch die Fotos in den Gummistiefeln. Seit zwei Jahren versucht die Psychologin, den Kontakt zu ihrem Ex auf das Kind zu beschränken und keinerlei persönliche Beziehung mit ihm zu führen. Doch er kann diese Grenze nicht akzeptieren. Immer wieder konfrontiert er sie mit persönlichen Dingen und greift auch auf diese Art aus der Distanz nach ihr. Die Fotos zeigen bloß irgendetwas, das das Kind bei seinem Vater mit Lego gebaut hat. Der Vater behauptet, das Kind hätte die Fotos der Mutter unbedingt zeigen wollen. Doch als sie danach fragt, kann das Kind sich nicht erinnern, dass diese Bilder überhaupt gemacht wurden. Genau durch solche Aktionen schleicht sich bei Claudia Albrecht immer wieder das Unbehagen ein, dass ihr Expartner noch etwas von ihr will, sie nicht in Ruhe lassen wird. Er stalkt sie, aber so, dass es juristisch nicht angreifbar wird. Wenn Menschen in grenzverletzender Weise immer wieder unerwünschte Kommunikation und Annäherung aufgezwungen wird, löst dies Angst und Beklemmung bei ihnen aus. Stalking ist auch eine Form des Greifens nach jemandem, zunächst aus der Distanz. Claudia Albrecht hat schon während der Beziehung das Gefühl, ihr Freund habe sie fest im Griff. Das führt dazu, dass sie seine Hände nicht mehr ertragen kann, lange bevor sie sich endgültig trennt.

Auch Paul muss bei seinen Besitzansprüchen tricksen, weil Johanna intelligent ist und Gleichberechtigung wichtig für sie. Als das Paar zum Beispiel durch den Iran reist, bringt er seine Frau dazu, »immer den Blick zu senken, wenn andere Männer in der Nähe sind«. Er behauptet, sie würde sonst »kulturelle Codes« der iranischen Gesellschaft verletzen. Tatsächlich hat Johanna im Nachhinein eher den Verdacht, dass dies nur eine bequeme Ausrede war, um sie immer unter Kontrolle zu halten. Denn Paul ist auch zu Hause ein extrem eifersüchtiger Mensch. Der Besitzanspruch auf Frauen und ihre Körper ist ein Ungleichgewicht in Beziehungen, das auch Familienanwältin Asha Hedayati beobachtet. »Ich hatte noch nie den Fall, dass eine Frau hier in meiner Kanzlei saß und mir gesagt hat: ›Ich kann der Scheidung nicht zustimmen. Er gehört mir.‹ Das wäre vollkommen abstrus«, sagt sie.

Was sexualisierte Gewalt bewirkt, ist, weibliche Personen zu Frauen zu machen. Und auch Frauen wie Puppen anzuziehen und besitzen zu wollen, zielt in dieselbe Richtung: Durch hypersexualisierte Weiblichkeit wird einer weiblichen Person in der Beziehung die Rolle der Frau zugewiesen. Es gibt keine Form der Gewalt, die genderspezifischer ist als sexualisierte Gewalt. Mit Gewalt werden dadurch Kategorien wiederhergestellt, die verlorenzugehen drohen – und mit ihnen die hierarchische Ordnung des Patriarchats. Sexuelle Übergriffe sind so als großer Backlash gegen das Ende des Patriarchats zu verstehen. Dazu passt, dass auch die politisch motivierten Übergriffe aufgrund des Geschlechts oder der sexuellen Orientierung zugenommen haben. Im Jahr 2021 sogar um mehr als 66 Prozent, wie aus dem Jahresbericht des Bundeskriminalamts zu politischen Straftaten hervorgeht.

Hier spielt natürlich auch das Online-Offline-Kontinuum eine Rolle. Das heißt, was online an sexueller Gewalt gezeigt wird, hat auch offline einen Einfluss, das Gesehene wird in die Praxis umgesetzt. Und von dort gelangt es wieder ins Internet, eine Backlashdynamik kommt in Gang. Misogyne Äußerungen und Pornokonsum im Internet befördern Gewalt gegen Frauen und machen Beziehungen gewalttätiger, wenn sich etwa Vorstellungen von nicht einvernehmlichem Sex normalisieren. Wie kommen wir aus dieser Dynamik wieder heraus?

Das Patriarchat am Ende

Der Backlash trifft Frauen, weil sie Frauen sind – je sichtbarer und erfolgreicher, umso mehr. Das beschreibt das feministische Paradox. Die Hoffnung, dass Geschlechterkategorien mit dem Aufstieg der Frauen bald überwunden sein würden, hat sich nicht erfüllt. Im Gegenteil, seit einiger Zeit werden Kategorien besonders sichtbar gemacht, von allen Seiten. Aus der Perspektive von Rechtskonservativen ist Frausein ein biologischer Zustand, der Frauen aufgrund der potenziellen Fähigkeit des Gebärens zu Unterlegenen macht. In dieser Logik werden sie nicht von Männern unterdrückt, sondern von der »Natur«.

Doch auch von Seiten, die nicht rechts, misogyn oder sexistisch sind, wird Geschlecht sichtbar gemacht und politisch aufgeladen. Vor allem *MeToo* hat dafür gesorgt, dass Frauen mit ihren Geschichten als Frauen gesehen werden. Identitätspolitik, gendergerechte Sprache oder feministische Außenpolitik machen Frauen als Gruppe sichtbar, weil sie auf Diskriminierungen aufgrund des Geschlechts, auf Ungerechtigkeiten und Ungleichheiten aufmerksam machen. Um der Diskriminierung entgegenzuwirken, gibt es eigene politische Programme, Förderungen und Quoten. »Frauen« bilden hier also eine Diskriminierungskategorie – keine

Geschlechterkategorie. Es geht um Ausgleich, Frauen sollen gleichwertig sein, so die Idee.

Das Problem dabei ist: Frauen bleiben »anders«. Das bedeutet nicht, dass es deshalb keine feministische Politik geben sollte oder diese sich ändern müsste. Ich will auf ein Dilemma hinaus, das Mithu Sanyal in *Vergewaltigung* beschreibt: »Um politische Forderungen durchzusetzen, ist es notwendig, die besondere Verletzlichkeit von Frauen und damit auch ihre besondere Schutzbedürftigkeit zu postulieren. Allerdings erweist sich das als zweischneidiges Schwert: Indem ein politisches Subjekt als verletzlich definiert wird (und damit als des Schutzes würdig, aber auch als des Schutzes bedürftig), wird diesem Subjekt in unserem Denken sein Subjektstatus abgesprochen, stattdessen wird es zu einem Objekt, das beschützt werden muss. Mit anderen Worten: Wenn wir sagen, dass Frauenberatungsstellen und Frauenhäuser notwendig sind – und ich bin davon überzeugt, dass sie notwendig sind –, sagen wir damit in der abendländischen Logik ebenfalls, dass Frauen nicht gleich stark und gleich autonom sind, was wiederum eine größere Entmündigung – zum Schutz von Frauen – nach sich zieht.« Die Kategorie reproduziert sich.

Der Nebeneffekt von feministischer Identitätspolitik ist, dass weibliche Personen stärker als Frauen wahrgenommen werden und sich die Diskriminierungskategorie deshalb leicht zu einer Geschlechterkategorie umdeuten lässt, also »Frauen brauchen eigene Safe Spaces, weil sie von Natur aus schwächer sind als Männer«, statt »Frauen brauchen eigene Safe Spaces, weil sie im Patriarchat von gewalttätigen Männern als Frauen und damit als schwächer konstruiert werden«. Ein klein anmutender, aber bedeutender Unterschied.

Das heißt: Andere bestimmen durch ihre Wahrnehmung, wer

zu einer Gruppe gehört. Identitätspolitik wendet sich dagegen und will aus der Fremdzuschreibung eine Selbstbezeichnung machen, sich die Kategorie aneignen und die diskriminierte Gruppe empowern. Wie zum Beispiel *MeToo*. Außenministerin Baerbock betreibt ebenfalls eine Form von feministischer Identitätspolitik, als Programm und als politische Person. Sie tritt als Frau auf, mit Eigenschaften, die wir traditionell mit Weiblichkeit verbinden, trägt Kleider, Absätze, Make-up und ihr Muttersein in die Öffentlichkeit. Sie steht für eine »weibliche« Politik, in der es um Solidarität gehen soll, nicht um ein konkurrenzgetriebenes Gegeneinander; eine Politik, in der Massenvergewaltigungen im Krieg ein Thema sind und nicht bloß Waffenlieferungen.

Und genau hier trifft sie der Hass: Gleich mit Bekanntgabe ihrer Kandidatur wurde sie auf ihren Körper reduziert und als Frau abgewertet. Auch Altkanzlerin Merkel wurde als Frau herabgewürdigt (»Mutti Merkel«), sie reagierte darauf aber schon früh, indem sie ihre Weiblichkeit kaschierte. Gleich zu Beginn ihrer Amtszeit beauftragte sie ein Imagebüro, das dafür sorgte, dass sie nicht »zu weiblich« aussah und agierte. Es kaschierte ihr Frausein mit kastig geschnittenen Blazern und verschaffte ihr ein androgynes Image. Als sie einmal ein tief ausgeschnittenes Kleid bei der Eröffnung der Osloer Oper im Jahr 2008 trug, war die Aufregung in der Presse groß, »Wie viel Dekolleté darf eine Kanzlerin zeigen?«, nur eine von unzähligen Überschriften. Die ehemalige Staatschefin wurde auf ihren Frauenkörper reduziert und das Frausein als Behinderung ihrer politischen Arbeit geframed.

Bei Merkel wissen wir, dass sie eine Frau ist, bei Baerbock können wir es sehen. Das deutlich nach außen getragene Merkmal »weiblich« wird bei der Außenministerin wie bei vielen Politikerinnen der Grünen zur zentralen politischen Angriffsfläche, nicht ihr politisches Programm. Anders als Merkel zwingt Baerbock ihre Kritiker:innen aber, sich mit ihrem politischen Programm zu beschäftigen. Und zwar, indem sie die angefeindete Weiblichkeit zum Inhalt macht. Als sie zum Beispiel im Bundestag über Frauen im Ukrainekrieg und den Verteidigungsetat spricht, versucht Friedrich Merz, sie als Frau lächerlich zu machen. Doch Baerbock rudert nicht zurück, sie besinnt sich nicht auf das männlich normierte Kerngeschäft ohne »gefühlsduseliges Gedöns«, sondern kontert mit den »Müttern von Srebrenica«, die Mitte der Neunzigerjahre von bosnisch-serbischen Truppen vergewaltigt wurden. Damals waren Vergewaltigungen noch nicht als Kriegswaffe anerkannt und wurden deshalb nicht vom Internationalen Strafgerichtshof verfolgt, moniert die Außenministerin. Damit setzt sie die Norm neu: Ab jetzt ist Weiblichkeit keine Äußerlichkeit mehr, sondern politisches Programm. Merz' Move geht deshalb nach hinten los. Ein paar Monate später wird der Parteivorsitzende der CDU derjenige sein, der für eine Frauenquote in seiner Partei wirbt und sie schließlich durchsetzt.

Das Land, an dem sich Baerbock für ihre feministische Außenpolitik ein Vorbild genommen hat, ist Schweden. Dort lief es bis vor Kurzem sehr gut für Frauen in der Politik: 2014 schrieb sich die nordische Demokratie als Erste eine »feministische Regierung und Außenpolitik« auf die Fahnen, die erste Premierministerin Magdalena Andersson von den Sozialdemokraten kam Ende 2021 ins Amt. Seitdem galt Schweden als Vorreiter für viele andere Länder, nicht nur für Deutschland, sondern zum Beispiel auch für Kanada oder Frankreich. Die feministische Außenpolitik wollte die »systematische Diskriminierung und Unterordnung, die den Alltag unzähliger Mädchen und Frauen auf der ganzen Welt prägt«, angehen und sich für die wirtschaftliche und politische

Teilhabe von Frauen einsetzen, den Zugang zu Verhütung oder Abtreibungen sicherstellen und genderspezifische Gewalt bekämpfen. Bis im September 2022 plötzlich das rechte Lager die Wahl gewinnt – und Regierungschefin Andersson zum Rücktritt zwingt. Die rechten und rechtsextremen Schwedendemokraten werden zur zweitstärksten Partei mit ihrem Versprechen, Schweden »wieder groß zu machen«. Tatsächlich sind die Rechtspopulisten damit für kurze Zeit nirgendwo in Westeuropa so groß wie in Schweden – bis Italien mit der Wahl der Fratelli d'Italia gleichzieht. Innerhalb von Monaten wird das Land von der feministischen Demokratie zu einem autoritär geführten Staat.

Gerade progressive Demokratien scheinen einen besonders gravierenden Backlash zu erleben. Bei den skandinavischen Ländern spricht man schon seit einiger Zeit vom »Nordischen Paradox«: Einerseits sind sie Vorreiter bei der Gendergleichstellung, andererseits erfahren Frauen hier mehr häusliche Gewalt, Missbrauch und sexuelle Übergriffe als in anderen Regionen Europas. Dass es nicht nur die höhere Anzeigebereitschaft und eine größere Sensibilisierung sind, welche die Zahlen steigen lassen, sondern autoritäre Ressentiments gegen Frauen und politische Minderheiten viel tiefer sitzen, bestätigen die Wahlergebnisse der Rechten.

In einer Studie des Europäischen Parlaments zur digitalen Gewalt gegen Frauen ist Schweden ebenfalls ganz vorne, zusammen mit Finnland, Dänemark, Belgien, Luxemburg und der Slowakei. In diesen Ländern sind Frauen ab 15 Jahren besonders krass von Cyberstalking betroffen. Für Finnland attestiert eine Studie der NATO, dass die fünf Personen der Regierung von Sanna Marin, die am heftigsten mit Hassrede und Missbrauch auf Twitter zu kämpfen haben, allesamt weiblich sind. Die Onlinehetze gegen die finnischen Spitzenpolitikerinnen habe extrem misogyne und bedrohliche Formen angenommen. Der Hass entlädt sich gegen das weiblichste finnische Parlament aller Zeiten. Die Beispiele zeigen: Es kann auch wieder rückwärtsgehen.

Amnesty International hat schon 2019 in einem Bericht angeprangert, dass alle skandinavischen Länder »ein Problem mit sexueller Gewalt« haben und »vergewaltigte Frauen und Mädchen von der Justiz regelmäßig im Stich gelassen werden«. Unzureichende Gesetze, schädliche Mythen und Geschlechterstereotype hätten zu einer »weitverbreiteten Straffreiheit für Vergewaltiger in der gesamten Region geführt«, urteilt Amnesty. In Dänemark, Schweden, Norwegen und Finnland würde sexualisierte Gewalt »regelmäßig ignoriert, geleugnet oder stillschweigend geduldet«. Frauen und Mädchen meldeten Übergriffe oft nicht einmal, weil sie Angst hätten vor sozialer Stigmatisierung – und vor der Justiz.

Das ist eine vernichtende Kritik für die vermeintlich feministischste Gegend der Welt, in der Gleichberechtigung am allerweitesten vorangeschritten ist. Sie zeigt: Es reicht nicht, sich feministisch zu labeln, ohne die tatsächliche Ungleichheit zu beseitigen. Dieses Phänomen beschreibt die Metapher der Spannung: Einerseits ist das Patriarchat von der Idee her überwunden, faktisch aber eben nicht. Wenn der Staat den misogynen Hatern und Gewalttätern nicht den Nährboden entzieht, sondern einfach das Terrain überlässt, egal ob im Netz, auf der Straße oder zu Hause, dann formieren diese einen gewalttätigen Backlash gegen den verhassten Aufstieg von politischen Minderheiten, allen voran Frauen. Je steiler ihr Aufstieg, je sichtbarer sie werden, besonders in Machtpositionen, desto krasser der Backlash. Wie lässt sich diese Dynamik aus Gleichberechtigung und Gewalt durchbrechen?

Zum einen müssen wir das Patriarchat auch strukturell beenden und männlicher Gewalt repressiv begegnen. Dazu gehört, das

Schweigen über Gewalt gegen Frauen zu brechen und die Betroffenen nicht zu beschämen, sondern die Täter. Dafür müssen alle Institutionen, die mit Betroffenen zu tun haben, fortgebildet werden, damit sie Frauen glauben, ihre Gewalterfahrung ernst nehmen und keine Täter-Opfer-Umkehr betreiben, besonders: Familienrichter:innen, Polizeibeamt:innen, Mitarbeiter:innen von Jugendämtern. Gewaltfreiheit muss überall durchgesetzt werden. Dafür müssen Sicherheits- und Strafverfolgungsbehörden online präsent sein. Es darf keine rechtsfreien Räume geben, in denen Gewalt gegen Frauen normalisiert wird. Täter müssen für ihre Taten zur Rechenschaft gezogen und verurteilt werden. Außerdem muss der Staat die finanzielle Förderung für Frauenhäuser, Beratungsstellen und andere Hilfsangebote dringend ausbauen, zum Beispiel für Therapien nach einer gewaltvollen Beziehung. Besonders wichtig sind in diesem Zusammenhang auch Hilfsangebote für gewalttätige Männer. Denn viele wollen gar nicht gewalttätig sein, wissen aber nicht, wie sie da rauskommen. Eine Beobachtungsstelle zur Umsetzung der Istanbul-Konvention sollte eingerichtet werden. Und es ist allerhöchste Zeit, präventive Maßnahmen zu ergreifen: vor allem Bildungsangebote in Kitas und Schulen, in denen toxische Männlichkeitsvorstellungen thematisiert werden. Kinder müssen dafür sensibilisiert werden, wie Männlichkeit mit Kontrolle und Gewalt zusammenhängt. Wie diese Verbindungen auch in unserer Kultur, in Fernsehen, Musik, Sport, immer wieder aufgenommen und hergestellt werden. Wir brauchen eine Debatte über Gewalt gegen Frauen und Kinder, über männliche Gewalt und die Folgen für Betroffene sowie unsere Gesellschaft.

Und das alles muss jetzt gleich passieren, um Gewalt gegen Frauen zu beenden. Damit kommen wir aber nicht aus dem grundsätzlichen Dilemma. Deshalb brauchen wir zum anderen langfristig eine andere, nachhaltige Perspektive: Wir müssen die Kategorien sprengen, auf denen die gesellschaftlichen Strukturen gründen. Momentan geht der Trend jedoch auch in die entgegengesetzte Richtung, wie das Beispiel der skandinavischen Länder vor Augen führt. In der polarisierten gesellschaftlichen Debatte gibt es aktivistische Stimmen, die immer lauter und radikaler werden, um sich entweder gegen rechte Umdeutungen zu wehren oder um eigene partikulare Interessen durchzusetzen. Gegen andere, nicht für alle. Eine konstruktive gesellschaftliche Debatte ist so noch schwieriger als ohnehin schon. Das hat einen negativen Einfluss auf die Art und Weise, wie sich Identitätspolitik weiterentwickelt.

Rechte Ideolog:innen, die Identitäten zementieren und daraus Hierarchien ableiten wollen, bekommen Hilfe von unerwarteter Seite: von Feministinnen, die Identitätspolitik ablehnen, und von Leuten, die Identitätspolitik übers Ziel hinaus treiben. Feministinnen wie Alice Schwarzer und andere aus dem Umfeld der *Emma* zum Beispiel finden, dass es Quoten für Frauen geben muss. Eine trans Frau wie Tessa Ganserer von den Grünen, die über eine Frauenquote in den Bundestag gekommen ist, sei aber keine »echte« Frau, sondern eine Art verkleideter Mann, ein Wolf im Schafspelz. Deshalb dürften trans Frauen auch nicht auf Frauentoiletten gehen, weil sie mit ihrer Physis den Safe Space gefährdeten. Abgesehen von den üblen Ressentiments gegenüber trans Menschen, ist das auch feministisch eine hochproblematische Argumentation.

Frauen sind demnach grundsätzlich Opfer wegen etwas »spezifisch Weiblichem«, dessen Existenz angenommen wird. Männer sind per definitionem Täter, einfach weil sie männlich sind, biologisch gesprochen. Jede Differenzierung geht hierbei verloren, etwa dass eine männliche Sozialisation im Patriarchat bedeutet, dass mit dem Männlichkeitsideal auch Gewaltbereitschaft verbunden ist, weshalb manche Männer Gewalt ausüben. Andere aber nicht: Sie entscheiden sich dagegen – und leiden oftmals darunter. Bei *Emma* ist der Penis der Täter und nicht ein Mensch im System Patriarchat. Wir sind, was die Natur aus uns macht. Feministinnen, die eine solche Position vertreten, gehen eine Zweckallianz mit Rechten ein, eine Komplizenschaft, um ihre errungenen Privilegien gegen trans Personen abzuschotten. Das ist brandgefährlich.

Ähnlich verhält es sich, wenn Identitätspolitik in eine radikale Richtung gepusht wird. Damit kommen wir wieder zu biologistischen »echten« Zuschreibungen von Merkmalen. Dieser Trend zeichnet sich ab, wenn etwa Amazon für Serienproduktionen Richtlinien zur *Diversity* einführt, nach denen die Identität von Schauspieler:innen mit der Identität der Rolle übereinstimmen muss: »Es sollen nur noch Schauspieler:innen engagiert werden, deren Identität (Geschlecht, Geschlechtsidentität, Nationalität, Ethnizität, sexuelle Orientierung, Behinderung) mit den Figuren, die sie spielen, übereinstimmt.« Schauspieler:innen müssen »echt« schwul, trans oder Schwarz sein, um die entsprechende Rolle verkörpern zu dürfen.

Das ist das Gegenteil von dem, was das Konzept von *Queerness* meint, nämlich Uneindeutigkeit und den Umstand, dass Identitätsmerkmale durchlässig und im Prozess begriffen sind. Ein Festschreiben auf Rollen heißt, dass wir uns auf dem Weg zurück zu essenzialistischen Identitäten befinden. Wer bestimmt denn, was eine »echte« Frau ist, was »echt« Schwarz oder lesbisch oder trans ist? In dem Moment, in dem wir uns nicht mehr weigern, uns eindeutig festzulegen, sind wir biologistischen Erklärungsmodellen wieder sehr nah. An genau diesem Punkt wird (missverstandene) Identitätspolitik gefährlich: Ein Merkmal wie Schwulsein wird für wesenhaft, für »echt« gehalten, man kann es irgendwie belegen, ja man muss es sogar. So wie man früher dachte, es wäre angeboren, als biologische Eigenschaft, unabänderlich. Auf diese Weise wird Identität zementiert.

Das Dilemma, dass in einem binären System Frauen zu Frauen gemacht werden, in welchem Männer überlegen sind, wird also nicht nur durch rechte Diskurse und misogyne Gewalt vorangetrieben, sondern auch durch feministische Identitätspolitik und Selbstzuschreibungen. Dadurch trifft Frauen genderspezifische Gewalt, die sie noch stärker in die unterlegene Kategorie »Frau« einsortiert und Identitätspolitik nötig macht. Deshalb müssen wir die Kategorien sprengen. Oder zumindest ihre politische Bedeutung auflösen. So wie es nicht von politischem Belang ist, ob jemand eher groß oder eher klein ist und blaue oder braune Augen hat. Wir brauchen eine gemeinsame gesellschaftliche Utopie, eine kollektive Vision, einen kleinsten gemeinsamen Nenner, der politische Bedeutung trägt. Damit wir die Kategorien überwinden können, brauchen wir sie aber noch als Brücke. Sonst lassen wir zu viele auf der anderen Seite zurück, statt sie mitzunehmen. Dabei muss viel deutlicher werden, dass es sich um eine Brücke handelt, um ein strategisches Einsetzen von Kategorien, damit wir sie hinter uns lassen können. Identitätspolitik kann nur Mittel zum Zweck sein, niemals Selbstzweck.

Die Idee der Brücke, um Unterschiede überbrücken und schließlich loswerden zu können, hat schon das Combahee River Collective um Gründerin Barbara Smith vor fast fünfzig Jahren formuliert. Dieses Kollektiv aus Schwarzen lesbischen Feministinnen prägte nicht nur den Begriff »Identitätspolitik«, sondern vertrat auch das Konzept des »strategischen Essenzialismus«. Es bedeutet, dass Identität – im Fall der Combahee-River-Collective-Aktivistinnen mehrere Identitäten – strategisch eingesetzt wird, um Gleichheit zu erreichen. Danach braucht man sie nicht mehr.

Dieser Gedanke ist in den letzten Jahren etwas verlorengegangen. Wir brauchen heute mehr denn je eine gesellschaftliche Debatte mit Stimmen, die immer wieder differenzieren und darauf hinweisen, dass es sich bei identitätspolitischen Kategorien um eine Leiter handelt, die weggestoßen werden muss, sobald wir hochgeklettert sind – eben um einen strategischen Essenzialismus. Hören wir diese Stimmen nicht, kommt es zu gefährlichen Zuspitzungen, Missverständnissen und Fehlinterpretationen, ausgerechnet von der Seite, die Frauen eigentlich empowern will (siehe Amazon-Richtlinien oder die Debatte um trans Frauen). Nur durch Differenzierung gelingt es, sich von den gezielten rechten Umdeutungen und Rebiologisierungen abzugrenzen. Nur so lässt sich verhindern, dass wir glauben, Identitäten könnten »echt« und ein unabänderliches Schicksal sein.

Um das zu erreichen, müssen wir uns viel kritischer mit Kategorien und mit Identitätspolitik beschäftigen. Und sie nicht reflexartig hervorholen, wenn wieder rechte Medien und Kanäle eine Diskussion um gendergerechte Sprache anzetteln. Die Kategorie »Frau« wird aus entgegengesetzten Motiven konstruiert: Rechte Diskurse und misogyne Gewalt sollen Frauen in der Hierarchie unterordnen, feministische Identitätspolitik und Selbstzuschreibungen empowern. Die selbstkritische Frage lautet aber: Lassen sich Frauen überhaupt empowern, als Frauen? Dass sie sich als individuelle Person empowern können, ist nicht gemeint, es geht um die Kategorie. Alice Weidel zum Beispiel ist eine empowerte Frau, sie verfügt über politische Macht als eine der ganz wenigen Frauen in einer rechtspopulistischen Partei. Hier stehen die Begriffe »empowert« und »Frau« allerdings unverbunden nebeneinander, Weidel ist sowohl das eine als auch das andere. Es besteht aber kein Bezug: Sie ist *nicht* das eine, *weil* das andere. Sie steht eben nicht dafür, dass man es als Frau schaffen kann dank weiblicher Eigenschaften. Sondern dass man politisch Erfolg haben kann, *obwohl* man eine Frau ist. Oder dafür, dass rechtskonservative Parteien weibliche Politikerinnen als Token missbrauchen, um sich ein moderneres Image zu verpassen. Das ist ein gewaltiger Unterschied.

Lässt sich die Kategorie »Frau« aufwerten? Hier bleiben uns nur zwei Möglichkeiten. Erstens: Wir glauben an spezifisch weibliche angeborene Eigenschaften wie Empathiefähigkeit, Fürsorglichkeit, Gemeinschaftssinn, Gewaltlosigkeit. Diese weiblichen Merkmale erfahren gerade eine Aufwertung, denn sie werden angesichts der drängenden Probleme auf unserem Planeten immer höher geschätzt und sogar als Führungsqualitäten eingefordert. Vom Club of Rome, um unsere ausgebeutete Welt zu retten, oder von McKinsey, um die Pandemie in den Griff zu bekommen und für die zukünftigen Herausforderungen gewappnet zu sein. Frauen sind mit ihren spezifisch weiblichen Qualitäten die besseren und friedlicheren Menschen. Das glauben viele Feministinnen.

Was sie wahrscheinlich nicht so gerne hören: Gemäß dieser Zuschreibungslogik sind spezifisch männliche angeborene Eigenschaften Stärke, Härte, Gewalt, Rationalität. Und zwar unabänderlich, eben angeboren. Frauen bleiben damit potenziell in der Position der Schwächeren, der Unterworfenen, selbst wenn ihre Eigenschaften gefragter sind denn je. Wenn Männer wollten, könnten sie jederzeit die weibliche Macht mit Gewalt beenden, durch körperliche und mentale Überlegenheit. Auch wenn die Kategorie also aufgewertet wird, bleibt sie in einem binären System die unterlegene, Wertesystem hin oder her.

Zweitens: Wir gehen davon aus, dass Geschlechterkategorien nicht stabil sind, sondern »weibliche Eigenschaften« zum jetzigen Zeitpunkt der Geschichte in unserer Gesellschaft und Kultur bei weiblich gelesenen Personen eher sozialisiert werden als bei männlich gelesenen. Dann erfahren diese Merkmale ebenfalls eine Aufwertung, zum Beispiel dadurch, dass Politikerinnen wie Außenministerin Annalena Baerbock oder die finnische Premierministerin Sanna Marin gezielt weiblich auftreten und damit erfolgreich sind. Aber die Aufwertung geschieht langfristig ohne die Kategorie, denn die löst sich auf. Baerbock oder Marin performen ja nicht nur »weiblich«, sondern manchmal auch »männlich«. Sie zeigen Härte oder Willensstärke, andernfalls könnten sie sich im männlich dominierten Politikgeschäft nicht durchsetzen – schon gar nicht auf der Weltbühne. Und manchmal lässt sich ihr Habitus überhaupt nicht im binären System verorten.

Wir nehmen bislang aber nur die Weiblichkeit von Spitzenpolitikerinnen wahr, weil uns ihre anderen Merkmale »normal«, universell vorkommen und deshalb erst einmal unsichtbar bleiben. Die weiblichen Eigenschaften hingegen erscheinen in der Politik als Fremdkörper, weil sie dort noch neu sind. Mit der Zeit lassen sie jedoch die Normen des politischen Systems als männliche sichtbar werden. Das verändert, was wir als universell empfinden. Mit der Gewöhnung an weiblich auftretende Politikerinnen wandelt sich der Standard, hin zu einer Mischung von Merkmalen: männliche, weibliche, diverse. Und wenn sich irgendwann auch trans Männer, trans Frauen oder nonbinäre Menschen bewähren, sortieren wir Politiker:innen irgendwann vielleicht gar nicht mehr in Genderkategorien ein, sondern beurteilen sie nach neuen Kriterien. Das heißt: Frauen lassen sich gar nicht langfristig als Frauen empowern. Das sollten wir uns bewusst machen.

Der gleiche Trend zeichnet sich von der anderen Seite ab, etwa in der Beschäftigung mit »kritischer Männlichkeit«. Die Bewegung, die in Deutschland mit Namen wie Christoph May verbunden ist, will »alternative Männlichkeitsbilder unterstützen, die Relevanz der Männlichkeitsanforderungen reduzieren und sexistisches Verhalten von Männern aktiv eindämmen und verändern«. Das ist als Brücke ein wichtiger Ansatz, um zunächst ein Umdenken bei Männlichkeitsidealen zu erreichen und langfristig Kinder und Heranwachsende nicht mehr mit toxischen Männlichkeitserwartungen zu sozialisieren. Aber es handelt sich auch hier nur um eine Brücke. Denn eine »alternative Männlichkeit« kann es nicht geben. In dem Moment, wo sie nicht mehr mit Überlegenheit, Stärke und Gewalt verbunden ist, ist Männlichkeit keine Männlichkeit mehr.

Nehmen wir als Beispiel den Ansatz einer alternativen Männlichkeit wie »Caring Masculinity«, also Männlichkeit, »die aus der feministischen Fürsorgeethik abgeleitete Werte umfasst«, wie Marc Gärtner und Elli Scambor in *APuZ* beschreiben. Als prägnante männliche Eigenschaften werden zum Beispiel Aufmerksamkeit, Interdependenz, Mitverantwortung, Unterstützung und Empathie genannt. Aber was daran ist männlich? Diese Eigenschaften sind genauso gut weiblich und bisher sogar überwiegend als weiblich verstanden worden. Warum nicht einfach »menschlich«? Wozu brauchen wir hier überhaupt noch die Kategorie? Höchstens als Brücke in eine Zukunft, in der Kategorien überflüssig sein werden. Damit wir all jene mitnehmen können, für die es zu radikal, zu unsicher ist, sich selbst nicht mehr als »männlich« zu verstehen.

Wie könnte eine Brücke in eine solche Zukunft ohne genderspezifische Gewalt aussehen? Meiner Einschätzung nach müssen wir uns gut überlegen, wo wir Unterschiede betonen und wo nicht. Feministische Identitätspolitik sollte nur wohldosiert eingesetzt werden. Zum Beispiel ist es Frauen in der Öffentlichkeit verboten, außerhalb eines FKK-Bereichs ihren freien Oberkörper zu zeigen – Männern nicht, selbst wenn sie von der Form her Frauenbrüste haben. So urteilte ein Gericht in Berlin, im ersten Bundesland, das ein Antidiskriminierungsgesetz erlassen hat. In einer gleichgestellten Gesellschaft können wir nicht einfach akzeptieren, dass Gerichte so urteilen und damit Frauenkörper sexualisieren und Männerkörper nicht. Frauen müssen erst einmal als diskriminierte Frauen sichtbar werden, damit sie gleiches Recht für alle fordern können: Entweder ist es erlaubt, seinen freien Oberkörper zu zeigen – oder eben nicht. Ganz unabhängig vom Geschlecht. Das heißt: In einer patriarchalen Gesellschaft wird eine Person zu einer Frau gemacht, indem ihr freier Oberkörper als weiblich gelesen wird und damit in der Öffentlichkeit als unerwünscht gilt. Sie zieht als Frau vor Gericht, damit es am Ende keine Rolle mehr spielt, ob sie eine ist oder nicht. Das wäre eine gute Brücke – wenn das Gericht anders entschieden hätte.

Die Gleichstellung der Brust zu fordern, ist noch relativ einfach, denn wir wollen damit am Ende weniger Unterschiede. Kompliziert wird es in anderen Bereichen, zum Beispiel in der Medizin, in Bereichen der Sicherheit oder Technologie. Denn hier müssen wir mehr Unterschiede fordern für gleiche Rechte. Das bedeutet, dass wir Crashtestdummies mit weiblichen Maßen brauchen, genauso wie Herzschrittmacher, die auf die weibliche Anatomie abgestimmt sind. Beides ist noch nicht selbstverständlich, sondern orientiert sich an einem männlichen statistischen Mittelmaß, wodurch Frauen häufiger sterben oder Gesundheitsschäden davontragen. Damit müssen wir aber in Kauf nehmen, dass sich die Bereiche in unterschiedliche, nämlich geschlechtsspezifische Richtungen entwickeln. Dabei droht die Rebiologisierung und das Festlegen auf eine Kategorie. Wir stehen erneut vor dem Dilemma, dass Eigenschaften für »echt«, wesenhaft und bestimmend gehalten werden.

Außerdem: Die Körper von Frauen und Männern mögen im Durchschnitt und statistisch unterschiedlich sein, zum jetzigen Zeitpunkt in der Geschichte. Aber letztlich ist die Einteilung in den meisten Bereichen willkürlich, alle Körper sind unterschiedlich. Was wir also eigentlich brauchen, ist ein Nachdenken über Normierungen. Ergibt es Sinn, in »männlich« und »weiblich« zu unterteilen? Oder bräuchten wir nicht einfach eine größere Vielfalt? Linus Giese beschreibt in *Unlearn Patriarchy* von 2022, wie es sich anfühlt, als trans Mann in eine »Frauenarztpraxis« zu gehen, es ist ein schamvoller Besuch: »Wenn wir in einer Welt ohne diese binäre Zweigeschlechtlichkeit lebten, [...] dann würden Menschen mit Brüsten, Vulva und Gebärmutter eine Brust-Vulva-Gebärmutter-Praxis besuchen. In Anlehnung an die HNO-Praxis könnten wir dann von der BVG-Praxis sprechen – verbunden mit meiner Hoffnung, dass trans Männer und nicht-binäre Menschen die Angst und Scham verlieren würden. Wichtige Themen wie Schwangerschaft, Abtreibung und Menstruation sind dann keine ›Frauenthemen‹ mehr.«

Und er hat recht: Medizinisch braucht man die Unterscheidung in »männlich« und »weiblich« nicht unbedingt, weil sich Mediziner:innen ohnehin auf einzelne Körperteile spezialisieren. Die körperlichen Unterschiede seien also biologisch unbedeutend, so Giese: Der Hautlappen in der Körpermitte sei zwar zweifelsohne biologisch, er hänge dort als reale Materie. Ihn aber als »weibliche Schamlippen« zu bezeichnen, sei eine kulturelle Übereinkunft. Dabei können auch trans Männer oder nicht-binäre Menschen eine Vulva haben. »Körperteile haben kein Geschlecht«, so Giese. Dafür ist ein bisschen Umdenken nötig. Die Perspektiven von trans Menschen helfen dabei ungemein. Was in unserer Welt alles gegendert ist, wird durch sie sichtbar.

Wie Kategorien Unterschiede hervorbringen, lässt sich gut an längst überwundenen Kategorien veranschaulichen. Zum Beispiel »Adlige« und »Nichtadlige«. Früher gab es tatsächlich körperliche Unterschiede zwischen beiden: Adlige waren stärker, gesünder, gebildeter und lebten länger. Aber natürlich hatten sie das nicht der Superkraft des Blauen Bluts zu verdanken, sondern ihren Privilegien. Heute ist uns das klar, weil wir diese Kategorien überwunden haben. Vor ein paar Jahrhunderten wäre aber noch niemand auf die Idee gekommen, die Unterscheidung in Adlige und Nichtadlige grundsätzlich infrage zu stellen.

Wenn schon Körperteile kein Geschlecht haben müssen – wie sieht es dann mit Gegenständen aus? Die Fragen nach der Notwendigkeit von Unterschieden stellt sich bei Konsumgegenständen noch mehr. Es gibt zahllose Dinge, die gegendert sind. Aber nicht aus praktischen Gründen, sondern aus Konvention – oder weil sie sich dann besser vermarkten lassen. Warum »Herrenfahrräder« eine Stange in der Mitte haben, hat zum Beispiel keine anatomische, sondern eine historische Begründung: Frauen sollten ihre Beine beim Aufstieg nicht spreizen müssen. Aus heutiger Sicht also ziemlich willkürlich. Warum gibt es seit einigen Jahren auch ein rosa Überraschungsei für Mädchen? Allein deswegen, um den Verkauf der Überraschungseier weiter anzukurbeln. Denn wenn ich mich mit etwas identifiziere, will ich es lieber haben und überlege nicht, ob ich es wirklich brauche. Es gehört ja zu mir. »Mädchensein« wird so zur Konsumidentität. Warum müssen Frauen mit großen Füßen in der Herrenabteilung Schuhe kaufen? Kann es nicht einfach Schuhgeschäfte für kleine und für große, für schmale und für breite Füße geben? Warum können Männer keine Highheels tragen, wenn sie sie schön finden? Warum müssen sie dafür die Damenabteilung aufsuchen?

Die Antwort auf alle diese Fragen ist: weil Konzerne irgendwann das Gendermarketing als riesigen Markt entdeckt haben. Es war »die erste Art der personalisierten Werbung«, in der »mit der Sichtbarkeit von Frauen Werbung und Produkte auf sie zugeschnitten wurden«. Diese Antwort gibt die österreichische Journalistin Beate Hausbichler in *Der verkaufte Feminismus*. Die Geschäfte sind so selbstverständlich voll von Produkten für »sie« und »ihn«, dass »kaum eine:r mehr auf die Idee kommt, dass Männer kein anderes Duschgel brauchen als Frauen. Wenn Konzerne immer mehr über unsere Identität wissen, wird es aller Wahrscheinlichkeit nach nicht dazu führen, dass es weniger Produkte gibt, etwa ein ›Duschgel für alle‹.«Sondern es wird darum gehen, immer neue Zielgruppen zu finden und an sie gesondert zu verkaufen. Wollen wir das? Wollen wir die Entscheidungsfreiheit von Kindern einschränken und ihnen ein Korsett aus Genderzwängen anlegen? Wollen wir, dass kleine Jungen gemobbt werden, weil sie Glitzerelfen und rosa Einhörner lieben? »Das Geschlecht der Dinge«, schreibt Giese, schränkt unseren Geschmack unnötig ein. Schon für Kinder wird das Leben auf diese Weise »eng und unpassend«, die gegenderte Welt kann ihrem vielfältigen Geschmack nicht gerecht werden.

In Bernardine Evaristos Roman *Mädchen, Frau etc.* gibt es dieses witzige Kapitel: Eine als Frau geborene Protagonistin fühlt sich nicht weiblich, aber auch nicht als männliche oder queere Person. Auf der Suche nach Identität begegnen ihr so viele Kategorien, dass es der Figur schwerfällt, sich überhaupt noch irgendwo einzusortieren: *quivergender* (Genderidentität mit fluider Intensität), *polygender* (mehrere Geschlechtsidentitäten gleichzeitig), *staticgender* (eine Genderidentität so unverständlich wie das weiße Rauschen im Fernsehen), *synchgender* (Genderidentität wird mehrmals am Tag gewechselt). Stattdessen macht sie sich über die Konzepte lustig und beschließt, ihre eigene Identität offen zu lassen.

Was Evaristo uns zeigt, indem sie Identitätsschubladen ad absurdum führt: Je mehr Kategorien es gibt, desto mehr löst sich dadurch die althergebrachte Norm auf. Männlichsein ist dann nur noch eine Möglichkeit unter vielen, nicht mehr das Universelle. Überlegen ist es nur in einem binären System. Durch die bewusste Beschäftigung mit Genderkategorien können wir sie gar nicht mehr authentisch verkörpern. Wir schlüpfen stattdessen in Rollen. Identität wird zum Spiel, zum Cosplay, zum Drag. Eine Rolle kann man wieder ablegen und eine neue spielen, mit Identität geht das nicht.

Das zeigt sich auch in den Trends auf Instagram und TikTok: Die erfolgreichsten Influencer:innen sind hyperfeminin mit aufgeklebten Wimpern à la Pamela Reif oder hypermaskulin mit aufgepumpten Muskeln à la Jo Lindner. Sie verschwinden vollständig hinter der Kategorie, sie spielen eine Karikatur von Weiblichkeit oder Männlichkeit – ein Cosplay der Geschlechter. Es gibt keinerlei Alleinstellungsmerkmal mehr, sondern eine extreme Zuspitzung prototypischer normschöner Gendermerkmale, die damit zur Diskussion gestellt werden. Besonders vor der Folie von erfolgreichen Alternativen: Crossdresser wie Harry Styles, der in Perlenketten und Kleidern auftritt, Mark Bryan, der als schon älterer, muskulöser CEO Highheels und Minirock in Meetings trägt, oder Romano, Sänger aus Berlin-Köpenick mit braven Mädchenzöpfen, haben aus ihrem Spiel mit Genderkategorien ein Alleinstellungsmerkmal gemacht, eine Persona erschaffen. Durch sie wird das binäre System selbst sichtbar.

Die Auflösung von Kategorien ist also längst im Gang. Dadurch, dass wir bewusster über sie nachdenken, kommen wir nicht mehr dahinter zurück – was einmal sichtbar wurde, wird nicht wieder unsichtbar. Der Backlash mit seiner neuen Gewalt gegen Frauen mag diese neu gewonnene Macht infrage stellen, vielleicht sogar rückgängig machen. Aber der Fortschritt wird sich nicht aufhalten lassen, wie auch die Backlashs vergangener Epochen zeigen. Jedoch: Er passiert auch nicht von selbst. Sondern wir müssen für den Fortschritt kämpfen, für ihn streiten und debattieren.

Die Frauen, deren Geschichten ich hier erzählt habe, haben sich alle bis auf Frau F. aus ihren gewaltvollen Partnerschaften befreit. Es hat sie viel Kraft, Geld und Zeit gekostet. Doch sie sind diesen Weg gegangen, haben ihre toxische Beziehung reflektiert und aufgearbeitet, was ihnen widerfahren ist. Manche haben eine Therapie gemacht oder eine Selbsthilfegruppe besucht. Sie kennen die Muster hinter der Gewalt und sagen von sich, dass sie wachsamer sind für die ersten Anzeichen, die darauf hindeuten, dass eine Person gewalttätig ist. Diese Bewusstwerdung über die eigene Gewalterfahrung ist ein schmerzhafter Prozess. Wenn Frauen ihn durchlaufen und davon erzählen, tun sie das für uns alle.

Literatur (Auswahl)

Anna Ardin: *Im Schatten von Assange.* Übersetzt von Antje Rieck-Blankenburg. Salis Verlag, Zürich 2021.

Hannah Arendt: *Macht und Gewalt.* Piper, München 1970.

Susan Arndt: *Sexismus. Geschichte einer Unterdrückung.* C.H.Beck, München 2020.

Jörg Baberowski: *Räume der Gewalt.* Fischer, Frankfurt a. M. 2018.

Laura Backes und Margherita Bettoni: *Alle drei Tage. Warum Männer Frauen töten und was wir dagegen tun müssen.* DVA, München 2021.

Sarah Banet-Weiser: *Empowered. Popular Feminism and Popular Misogyny.* Duke University Press, Durham 2018.

Laura Bates: *Men Who Hate Women. From Incels to Pickup Artists: The Truth about Extreme Misogyny and How it Affects Us All.* Sourcebooks, Naperville 2021.

Seyla Benhabib, Judith Butler, Drucilla Cornell, Nancy Fraser: *Der Streit um Differenz. Feminismus und Postmoderne in der Gegenwart.* Fischer, Frankfurt a. M. 1993.

Simone de Beauvoir: *Das andere Geschlecht. Sitte und Sexus der Frau.* Rowohlt, Berlin 2000.

JJ Bola: *Sei kein Mann. Warum Männlichkeit ein Albtraum für Jungs ist.* Übersetzt von Malcolm Ohanwe. Hanserblau, Berlin 2020.

Alice Bolin: *Dead Girls. Essays on Surviving an American Obsession.* William Morrow, New York City 2018.

Judith Butler: *Die Macht der Gewaltlosigkeit. Über das Ethische im Politischen.* Übersetzt von Reiner Ansén. Suhrkamp, Berlin 2020.

Annika Brockschmidt: *Amerikas Gotteskrieger. Wie die Religiöse Rechte die Demokratie gefährdet.* Rowohlt, Berlin 2021.

Christina Clemm: *AktenEinsicht. Geschichten von Frauen und Gewalt.* Verlag Antje Kunstmann, München 2020.

Julia Cruschwitz und Carolin Haentjes: *Femizide. Frauenmorde in Deutschland.* S. Hirzel Verlag, Stuttgart 2022.

Caroline Criado-Perez: *Unsichtbare Frauen. Wie eine von Daten beherrschte Welt die Hälfte der Bevölkerung ignoriert.* btb Verlag, München 2020.

Lucy Delap: *Feminisms. A Global History.* University of Chicago Press, Chicago 2020.

Virginie Despentes: *King Kong Theorie.* Übersetzt von Claudia Steinitz und Barbara Heber-Schärer. KiWi, Köln 2018.

Aladin El-Mafaalani: *Das Integrationsparadox. Warum gelungene Integration zu mehr Konflikten führt.* KiWi, Köln 2018.

Rebekka Endler: *Das Patriarchat der Dinge. Warum die Welt Frauen nicht passt.* DuMont, Köln 2021.

Bernardine Evaristo: *Mädchen, Frau etc.* Tropen, Berlin 2021.

Bernardine Evaristo: *Manifesto. Warum ich niemals aufgebe.* Tropen, Berlin 2022.

Susan Faludi: *Backlash. The Undeclared War Against American Women.* Crown, New York City 1991.

Silvia Federici: *Caliban und die Hexe. Frauen, der Körper und die ursprüngliche Akkumulation.* Übersetzt von Max Henninger. Mandelbaum Verlag, Wien 2017.

Francis Fukuyama: *Identität. Wie der Verlust der Würde unsere Demokratie gefährdet.* Übersetzt von Bernd Rullkötter. Hoffmann und Campe, Hamburg 2019.

Roxane Gay: *Bad Feminist. Essays.* HarperCollins, New York City 2014.

James Gilligan: *Violence. Reflections on a National Epidemic.* Vintage, New York City 1997.

Tobias Ginsburg: *Die letzten Männer des Westens. Antifeministen, rechte Männerbünde und die Krieger des Patriarchats.* Rowohlt, Berlin 2021.

Florence Given: *Frauen schulden dir gar nichts.* Übersetzt von Eva Horn und Kathrin Weßling. KiWi, Köln 2022.

Svenja Goltermann: *Opfer. Die Wahrnehmung von Krieg und Gewalt in der Moderne.* Fischer, Frankfurt a. M. 2020.

Jule Govrin: *Politische Körper. Von Sorge und Solidarität.* Matthes & Seitz, Berlin 2022.

Kristina Hänel: *Das Politische ist persönlich. Tagebuch einer »Abtreibungsärztin«.* Argument Verlag, Hamburg 2021.

Pauline Harmange: *Ich hasse Männer.* Rowohlt, Berlin 2020.

Beate Hausbichler: *Der verkaufte Feminismus. Wie aus einer politischen Bewegung ein profitables Label wurde.* Residenz Verlag, Wien 2021.

Boris von Heesen: *Was Männer kosten. Der hohe Preis des Patriarchats.* Heyne, München 2022.

Jess Hill: *See What You Made Me Do. Power, Control and Domestic Violence.* Black Inc., Collingwood 2019.

Lisa Jaspers, Naomi Ryland, Silvie Horch (Hrsg.): *Unlearn Patriarchy.* Ullstein, Berlin 2022.

Antje Joel: *Prügel. Eine ganz gewöhnliche Geschichte häuslicher Gewalt.* Rowohlt, Berlin 2020.

Susanne Kaiser: *Politische Männlichkeit. Wie Incels, Fundamentalisten und Autoritäre für das Patriarchat mobilmachen.* Suhrkamp, Berlin 2020.

Michael Kimmel: *Angry White Men. American Masculinity at the End of an Era.* Nation Books, New York City 2013.

Michael Kimmel: *Healing from Hate. How Young Men Get Into – and Out of – Violent Extremism.* University of California Press, Berkeley 2018.

Pia Klemp: *Wutschrift. Wände einreißen, anstatt sie hochzugehen.* Penguin, München 2022.

Veronika Kracher: *Incels. Geschichte, Sprache und Ideologie eines Online-Kults.* Ventil Verlag, Mainz 2020.

Jon Krakauer: *Die Schande von Missoula. Vergewaltigung im Land der Freiheit.* Übersetzt von Hans Freundl und Sigrid Schmid. Piper, München 2016.

Hilge Landweer und Catherine Newmark (Hrsg.): *Wie männlich ist Autorität? Feministische Kritik und Aneignung.* Campus, Frankfurt a. M. 2018.

Ronald F. Levant und Shana Pryor: *The Tough Standard. The Hard Truths About Masculinity and Violence.* Oxford University Press, Oxford 2020.

Kate Manne: *Down Girl. Die Logik der Misogynie.* Übersetzt von Ulrike Bischoff. Suhrkamp, Berlin 2020.

Kate Manne: *Entitled. How Male Privilege Hurts Women.* Penguin, London 2020.

Katrine Marçal: *Die Mutter der Erfindung. Wie in einer Welt für Männer gute Ideen ignoriert werden.* Rowohlt, Berlin 2022.

Jagoda Marinić: *Sheroes. Neue Held*innen braucht das Land.* Fischer, Frankfurt a. M. 2019.

Denis Mukwege: *Die Stärke der Frauen. Wie weibliche Widerstandskraft mich lehrte, an eine bessere Welt zu glauben.* Übersetzt von Sabine Reinhardus und Cornelia Stoll. C. Bertelsmann, München 2022.

Ijeoma Oluo: *Das Land der weißen Männer. Eine Abrechnung mit Amerika.* Übersetzt von Benjamin Mildner. Hoffmann und Campe, Hamburg 2021.

Laurie Penny: *Unsagbare Dinge. Sex, Lügen und Revolution.* Übersetzt von Anne Emmert. Edition Nautilus, Hamburg 2015.

Laurie Penny: *Bitch Doktrin. Gender, Macht und Sehnsucht.* Übersetzt von Anne Emmert. Edition Nautilus, Hamburg 2017.

Laurie Penny: *Sexuelle Revolution. Rechter Backlash und feministische Zukunft.* Übersetzt von Anne Emmert. Edition Nautilus, Hamburg 2022.

Rolf Pohl: *Feindbild Frau. Männliche Sexualität, Gewalt und die Abwehr des Weiblichen.* Offizin, Hannover 2002.

Emily Ratajkowski: *My Body. Was es heißt, eine Frau zu sein.* Penguin, München 2022.

Jaqueline Rose: *On Violence and On Violence Against Women.* Farrar, Straus and Giroux, New York City 2021.

Hanna Rosin: *Das Ende der Männer und der Aufstieg der Frauen.* Berlin Verlag, Berlin 2012.

Evke Rulffes: *Die Erfindung der Hausfrau. Geschichte einer Entwertung.* HarperCollins, Hamburg 2021.

Mithu M. Sanyal: *Vergewaltigung. Aspekte eines Verbrechens*. Edition Nautilus, Hamburg 2020.

Joni Seagers: *Der Frauenatlas. Ungleichheit verstehen*. Übersetzt von Renate Weitbrecht und Gabriele Würdinger. Hanser, München 2020.

Franziska Schutzbach: *Die Erschöpfung der Frauen. Wider die weibliche Verfügbarkeit*. Droemer Knaur, München 2021.

Linda Scott: *Das weibliche Kapital*. Übersetzt von Stephanie Singh. Hanser, München 2020.

Rebecca Solnit: *Recollections of My Non-Existence*. Granta, London 2020.

Rebecca Solnit: *Die Mutter aller Fragen*. Übersetzt von Kirsten Riesselmann. Hoffmann und Campe, Hamburg 2017.

Susan Sontag: *Das Leiden anderer betrachten*. Übersetzt von Reinhard Kaiser. Fischer, Frankfurt a. M. 2005.

Laura Späth: *About Shame*. &Töchter, München 2021.

Amia Srinivasan: *Das Recht auf Sex. Feminismus im 21. Jahrhundert*. Übersetzt von Anne Emmert und Claudia Arlinghaus. Klett-Cotta, Stuttgart 2022.

Evan Stark: *Coercive Control. How Men Entrap Women in Personal Life*. Oxford University Press, Oxford 2009.

Margarete Stokowski: *Die letzten Tage des Patriarchats*. Rowohlt, Berlin 2019.

Meike Stoverock: *Female Choice. Vom Anfang und Ende der männlichen Zivilisation*. Tropen, Berlin 2021.

Kelly Sundberg: *Goodbye, Sweet Girl: A Story of Domestic Violence and Survival*. HarperCollins, New York City 2018.

Jack Urvin: *Man Up. Surviving Modern Masculinity*. Icon Books, London 2016.

Carolin Wiedemann: *Zart und frei. Vom Sturz des Patriarchats*. Matthes & Seitz, Berlin 2021.

Rafia Zakaria: *Against White Feminism. Notes on Disruption*. W. W. Norton & Company, New York City 2021.

Slavoj Žižek: *Gewalt. Sechs abseitige Reflexionen*. Laika, Hamburg 2011.